PSYCHODYNAMIK**Kompakt**

Herausgegeben von
Franz Resch und Inge Seiffge-Krenke

Stephan Doering

Übertragungsfokussierte Psychotherapie (TFP)

Vandenhoeck & Ruprecht

Mit 3 Abbildungen und 1 Tabelle

Bibliografische Information der Deutschen Nationalbibliothek

Die Deutsche Nationalbibliothek verzeichnet diese Publikation in der
Deutschen Nationalbibliografie; detaillierte bibliografische Daten sind
im Internet über http://dnb.d-nb.de abrufbar.

ISBN 978-3-525-40569-7

Weitere Ausgaben und Online-Angebote sind erhältlich unter: www.v-r.de

Umschlagabbildung: Paul Klee, »Ohne Titel« (Gleichgewicht und Schiff), 1940/
akg-images

© 2016, Vandenhoeck & Ruprecht GmbH & Co. KG,
Theaterstraße 13, D-37073 Göttingen /
Vandenhoeck & Ruprecht LLC, Bristol, CT, U.S.A.
www.v-r.de
Alle Rechte vorbehalten. Das Werk und seine Teile sind urheberrechtlich
geschützt. Jede Verwertung in anderen als den gesetzlich zugelassenen Fällen
bedarf der vorherigen schriftlichen Einwilligung des Verlages.
Printed in Germany.

Satz: SchwabScantechnik, Göttingen
Druck und Bindung: ⊕ Hubert & Co GmbH & Co. KG,
Robert-Bosch-Breite 6, D-37079 Göttingen

Gedruckt auf alterungsbeständigem Papier.

Inhalt

Vorwort zur Reihe 7

Vorwort zum Band 9

Vorbemerkungen 11

1 Die Entwicklung der Persönlichkeitsstruktur 15

2 Die Borderline-Persönlichkeitsstörung 23

3 Diagnostik 29

4 Die therapeutische Haltung 33
   4.1 Technische Neutralität 33
   4.2 Exkurs: Übertragung und Gegenübertragung 37
   4.3 Containment und Beziehungserfahrung 43

5 Behandlungstechnik 47
   5.1 Behandlungsvertrag 47
   5.2 Strategie, Taktik und Technik 52
      5.2.1 Strategie 53
      5.2.2 Taktik 58
      5.2.3 Techniken 65

6 Anwendungsbereiche der TFP 71

7 Wirksamkeitsnachweise für die TFP 73

8 Organisationsstrukturen und Ausbildung 76

Literatur 79

Vorwort zur Reihe

Zielsetzung von PSYCHODYNAMIK KOMPAKT ist es, alle psychotherapeutisch Interessierten, die in verschiedenen Settings mit unterschiedlichen Klientengruppen arbeiten, zu aktuellen und wichtigen Fragestellungen anzusprechen. Die Reihe soll Diskussionsgrundlagen liefern, den Forschungsstand aufarbeiten, Therapieerfahrungen vermitteln und neue Konzepte vorstellen: theoretisch fundiert, kurz, bündig und praxistauglich.

Die Psychoanalyse hat nicht nur historisch beeindruckende Modellvorstellungen für das Verständnis und die psychotherapeutische Behandlung von Patienten hervorgebracht. In den letzten Jahren sind neue Entwicklungen hinzugekommen, die klassische Konzepte erweitern, ergänzen und für den therapeutischen Alltag fruchtbar machen. Psychodynamisch denken und handeln ist mehr und mehr in verschiedensten Berufsfeldern gefordert, nicht nur in den klassischen psychotherapeutischen Angeboten. Mit einer schlanken Handreichung von 60 bis 70 Seiten je Band kann sich der Leser schnell und kompetent zu den unterschiedlichen Themen auf den Stand bringen.

Themenschwerpunkte sind unter anderem:
- *Kernbegriffe und Konzepte* wie zum Beispiel therapeutische Haltung und therapeutische Beziehung, Widerstand und Abwehr, Interventionsformen, Arbeitsbündnis, Übertragung und Gegenübertragung, Trauma, Mitgefühl und Achtsamkeit, Autonomie und Selbstbestimmung, Bindung.
- *Neuere und integrative Konzepte und Behandlungsansätze* wie zum Beispiel Übertragungsfokussierte Psychotherapie, Schematherapie, Mentalisierungsbasierte Therapie, Traumatherapie, internet-

basierte Therapie, Psychotherapie und Pharmakotherapie, Verhaltenstherapie und psychodynamische Ansätze.
- *Störungsbezogene Behandlungsansätze* wie zum Beispiel Dissoziation und Traumatisierung, Persönlichkeitsstörungen, Essstörungen, Borderline-Störungen bei Männern, autistische Störungen, ADHS bei Frauen.
- *Lösungen für Problemsituationen in Behandlungen* wie zum Beispiel bei Beginn und Ende der Therapie, suizidalen Gefährdungen, Schweigen, Verweigern, Agieren, Therapieabbrüchen; Kunst als therapeutisches Medium, Symbolisierung und Kreativität, Umgang mit Grenzen.
- *Arbeitsfelder jenseits klassischer Settings* wie zum Beispiel Supervision, psychodynamische Beratung, Arbeit mit Flüchtlingen und Migranten, Psychotherapie im Alter, die Arbeit mit Angehörigen, Eltern, Gruppen, Eltern-Säuglings-Kleinkind-Psychotherapie.
- *Berufsbild, Effektivität, Evaluation* wie zum Beispiel zentrale Wirkprinzipien psychodynamischer Therapie, psychotherapeutische Identität, Psychotherapieforschung.

Alle Themen werden von ausgewiesenen Expertinnen und Experten bearbeitet. Die Bände enthalten Fallbeispiele und konkrete Umsetzungen für psychodynamisches Arbeiten. Ziel ist es, auch jenseits des therapeutischen Schulendenkens psychodynamische Konzepte verstehbar zu machen, deren Wirkprinzipien und Praxisfelder aufzuzeigen und damit für alle Therapeutinnen und Therapeuten eine gemeinsame Verständnisgrundlage zu schaffen, die den Dialog befördern kann.

Franz Resch und Inge Seiffge-Krenke

Vorwort zum Band

Als im Jahr 1989 das weltweit erste störungsspezifische Manual für eine Borderline-Therapie erschien, war dies eine psychotherapeutische Sensation. Otto Kernberg hatte die neue Methode entwickelt, wobei er eine psychoanalytische Grundhaltung mit spezifischen behandlungstechnischen Modifikationen, strukturierenden Elementen und Settingvariablen verband. Das Manual beschrieb im Detail die Übertragungsfokussierte Psychotherapie (TFP), die in den Folgejahren kontinuierlich weiterentwickelt wurde. Ziel der Therapie ist nicht nur die Reduktion psychopathologischer Symptome, sondern eine Reifung der Persönlichkeitsstruktur mit der Fähigkeit zu gelingenden zwischenmenschlichen Beziehungen und einer zufriedenstellenden sozialen und beruflichen Leistungsfähigkeit.

In jüngster Zeit konnten weitere Anwendungsbereiche erschlossen werden, zum Beispiel eine Behandlungsmethode für Jugendliche mit Borderline-Störungen (TFP-A), für Patienten im stationären Setting und in der breiten psychiatrischen Versorgung.

Stephan Doering ist es gelungen, die Geschichte, die Grundlagen, Methoden und Anwendungsbereiche der TFP so kompakt, übersichtlich und anschaulich darzustellen, dass der Leserin und dem Leser ein unmittelbarer Einblick in diese wichtige Therapieform ermöglicht wird. Die Entwicklung der Persönlichkeitsstruktur und strukturelle Dimensionen der Borderline-Persönlichkeitsstörung werden überzeugend dargestellt. Im Zentrum der Diagnostik steht das Strukturelle Interview. Die therapeutische Haltung wird bezüglich technischer Neutralität, Übertragung und Gegenübertragung sowie Containment und Beziehungserfahrung anhand von klinischen Fallbeispielen und

Dialogausschnitten verdeutlicht; die therapeutischen Protokolle geben ein plastisches Bild der Interventionen. Wirksamkeitsnachweise der Therapie beschließen das Buch.

Auch für nicht mit der psychoanalytischen Begriffswelt vertraute Leserinnen und Leser ist die Lektüre dieser gut verständlichen Übersicht mit Sicherheit ein Gewinn.

Franz Resch und Inge Seiffge-Krenke

Vorbemerkungen

Im Jahr 1961 kam Otto F. Kernberg an die Menninger Clinic in Topeka (Kansas, USA), deren Direktor er später wurde. Gemeinsam mit Robert Wallerstein führte er dort eine der bahnbrechendsten Studien in der Geschichte der Psychotherapieforschung durch, die *Menninger-Studie*. Anders als zur damaligen Zeit meist üblich wurden hier nicht nur Therapieergebnisse retrospektiv klinisch eingeschätzt, sondern Verläufe prospektiv akribisch beobachtet und aufgezeichnet. Kernberg widmete sich unter anderem der Frage, wie sich weniger erfolgreiche Therapieverläufe erklären bzw. vorhersagen lassen können. Dabei fand er heraus, dass Patienten mit reiferer Struktur der Persönlichkeit (»Ich-Stärke«) gut von der Psychoanalyse profitierten, während diese bei Patienten mit eingeschränkten Ich-Funktionen weniger wirksam war als strukturiertere psychoanalytische Therapieansätze. Allerdings kam er auch zu dem Ergebnis, dass Techniken, die die Übertragung fokussieren, umso wichtiger sind, je geringer die Ich-Stärke ist (Kernberg et al., 1972).[1] Stimuliert durch die Ergebnisse der Menninger-Studie verfolgte Kernberg in den nächsten Jahrzehnten unter anderem zwei Fragestellungen in seiner konzeptuellen wissenschaftlichen Arbeit: die Beschreibung der spezifischen Strukturpathologie der Patientinnen und Patienten, die weniger auf die Psychoanalyse ansprechen, und die Entwicklung einer Modifikation der psychoanalytischen Standardtechnik, die strukturierende Elemente mit einem Fokus auf die Übertragungsarbeit verbindet.

---

1 Ein Ergebnis, das jüngst durch die Arbeiten von Per Høglend (2014) bestätigt wurde.

Kernberg entwickelte auf dem Boden der psychoanalytischen Objektbeziehungstheorie in der Folge Melanie Kleins sowie der psychoanalytischen Ich-Psychologie im Sinne Heinz Hartmanns und anderer ein eigenes Modell der Persönlichkeitsentwicklung. Dieses erlaubte ihm, verschiedene Reifegrade der Persönlichkeitsorganisation voneinander abzugrenzen und ätiologisch herzuleiten. Ab Mitte der 1960er Jahre erschienen einige wesentliche Arbeiten zu diesem Thema (Kernberg, 1966, 1968, 1970, 1972), bevor Kernberg 1975 seine Monografie »Borderline Conditions and Pathological Narcissism« herausbrachte (dt. »Borderline-Störungen und pathologischer Narzißmus«, 1978). Dieses Buch prägte stark das Verständnis der Borderline-Persönlichkeitsstörung, wie sie heute in den psychiatrischen Diagnoseschemata enthalten ist, und auch das der Persönlichkeitsorganisation oder -struktur, das in der psychotherapeutischen und psychiatrischen Diagnostik inzwischen eine zentrale Stellung einnimmt – nicht zuletzt durch die *Levels of Personality Functioning Scale* des DSM-5 (American Psychiatric Association, 2013).

Kernberg geht davon aus, dass eine beeinträchtigte Reife der Persönlichkeitsstruktur pathognomonisch für die Borderline-Persönlichkeitsstörung und auch für andere schwere Persönlichkeitsstörungen ist. Für die Diagnostik dieser Dimensionen hat er das »Strukturelle Interview« entwickelt (Kernberg, 1981), das spezifische Dimensionen der Persönlichkeit erfasst, insbesondere die Reife der Identität, die Reife der Abwehrmechanismen und die Fähigkeit zur Realitätskontrolle.

Zentral im Werk Otto Kernbergs ist die Entwicklung einer Behandlungsmethode, die auf den Ergebnissen der Menninger-Studie aufbauend eine psychoanalytische Grundhaltung und Technik mit strukturierenden Elementen und Modifikationen des Settings verbindet. Bereits in seinem frühen Buch zu den Borderline-Störungen (1975, dt. 1978) skizzierte er die Grundzüge seiner Methode, die er im Weiteren ausdifferenzierte (z. B. Kernberg, 1984, dt. 1985). Im Jahr 1989 erschien das weltweit erste störungsspezifische Manual für eine Borderline-Therapie, das die neue Methode im Detail beschrieb, die inzwischen den Namen Transference-Focused Psychotherapy (TFP) bzw. im Deutschen Übertragungsfokussierte Psychotherapie erhalten hatte (Kernberg, Selzer, Koenigsberg, Carr u. Appelbaum, 1989, dt. 1993). Seither wird die Methode kontinuierlich weiterentwickelt, drei Auflagen eines umfassenderen Therapiemanuals sind 1999, 2006 und 2015 in englischer Sprache erschienen und 2001, 2008 und 2016 in deutscher Übersetzung (Clarkin, Yeomans u. Kernberg, 1999, dt. 2001; 2006, dt. 2008; Yeomans, Clarkin u. Kernberg, 2015, dt. 2016).

Die TFP wird für Patientinnen und Patienten mit Persönlichkeitsstörungen auf einem Borderline-Strukturniveau eingesetzt, neben der Borderline-Persönlichkeitsstörung zum Beispiel auch bei der narzisstischen, der paranoiden, der schizoiden und der schweren histrionischen. Es handelt sich um eine psychoanalytische Psychotherapie, die in der Regel als ambulante Behandlung mit zwei Wochenstunden face-to-face durchgeführt wird. Im Unterschied zu allen anderen manualisierten Borderline-Therapien wird bei der TFP an einer Grundhaltung der technischen Neutralität festgehalten, das heißt, es werden nicht einzelne Anteile der Persönlichkeit des Patienten unterstützt, sondern alle Anteile gleichermaßen beleuchtet. Diese Haltung wird auf dem Boden eines Therapievertrages nur dann aufgegeben, wenn das Leben des Patienten oder eines anderen Menschen gefährdet erscheint oder wenn der Fortgang der Therapie bedroht ist. In der Therapie wird primär die Übertragungsbeziehung im Hier und Jetzt fokussiert, erst in späteren Therapiephasen werden Verbindungen zur Lebensgeschichte des Patienten deutend hergestellt. Üblicherweise wird eine TFP-Behandlung zwei bis drei Jahre in Anspruch nehmen, unter Umständen auch länger. Dabei ist das Therapieziel in der TFP nicht nur die Reduktion der Symptomatik, wie zum Beispiel des selbstverletzenden Verhaltens, sondern eine Reifung der Persönlichkeitsstruktur mit der Fähigkeit zu gelingenden zwischenmenschlichen Beziehungen und einer zufriedenstellenden sozialen und beruflichen Leistungsfähigkeit. Hierin unterscheidet sich die TFP von kürzeren, mehr symptomorientierten Behandlungsansätzen wie zum Beispiel der Dialektisch-Behavioralen Therapie (DBT; Linehan, 1993).

Als ambulante Einzelpsychotherapie für Patienten mit Borderline-Persönlichkeitsstörung wurden bereits Wirksamkeitsnachweise für die TFP erbracht, sodass die Methode als evidenzbasiert angesehen werden kann und im jüngsten Cochrane Review von Stoffers et al. (2012) als eine von vier wirksamen Methoden in der Borderline-Therapie eingestuft wird. Details dazu finden sich in Kapitel 7.

In jüngster Zeit wurden weitere Anwendungsbereiche der TFP erschlossen, so TFP für reifere Persönlichkeitsstörungen (Caligor, Kernberg u. Clarkin, 2009), TFP-A für die Behandlung von adoleszenten Borderline-Patienten (Normandin, Ensink u. Kernberg, 2015), TFP für Kinder (Kreft, 2015), TFP im stationären Setting (Dammann, Dulz, Lohmer u. Kernberg, im Druck) und demnächst auch TFP in der psychiatrischen Versorgung.

1 Die Entwicklung der Persönlichkeitsstruktur

In seinem objektbeziehungstheoretischen Modell der Persönlichkeitsentwicklung geht Kernberg davon aus, dass sich die Persönlichkeit in frühen Beziehungen entwickelt (z. B. Kernberg, 1998). Dabei werden frühe Beziehungserfahrungen, die wiederholt auftreten und affektiv ausreichend bedeutsam sind, im prozeduralen Gedächtnis gespeichert. Diese Gedächtnisinhalte sind implizit, das heißt unbewusst, und dabei konstituierend für die Persönlichkeit. Kernberg nimmt an, dass der jeweils aktive Teil der Bezugsperson (z. B. der Mutter) und der jeweils aktive Teil des Kindes durch den im Moment vorherrschenden Affekt verbunden werden und dies als sogenannte Teilobjektbeziehungsdyade verinnerlicht wird. Die Ablagerung im Gedächtnis erfolgt in getrennten Kompartimenten, einerseits Dyaden mit positiver affektiver Tönung, andererseits solche mit negativem Affekt. Beispiel für eine positive Dyade könnte die Erfahrung eines Säuglings sein, der zufrieden, geborgen, gestillt im Arm der liebevollen und fürsorglichen Mutter liegt; im Gegensatz dazu steht eine von Verzweiflung, Angst oder Wut geprägte Erfahrung des Kindes, das hungrig ist und schreit und von der Mutter ignoriert wird.

Dieses entwicklungspsychologische Modell stimmt in den Grundzügen mit Daniel Sterns RIGs (Representations of Interactions that have been Generalized) überein (Stern, 1985).

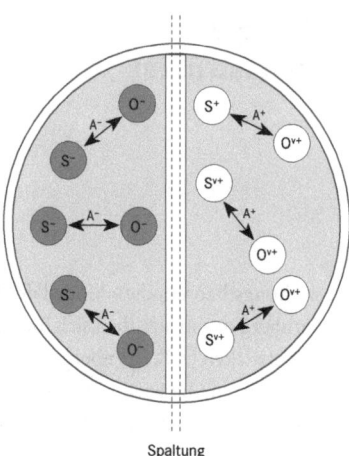

Spaltung

Abbildung 1a: Innere Welt des unter dreijährigen Kindes bzw. des Borderline-Patienten

S^+ = positive Teilselbstrepräsentanz, O^+ = positive Teilobjektrepräsentanz, S^- = negative Teilselbstrepräsentanz, O^- = negative Teilobjektrepräsentanz, A^+ = positiver Affekt, A^- = negativer Affekt

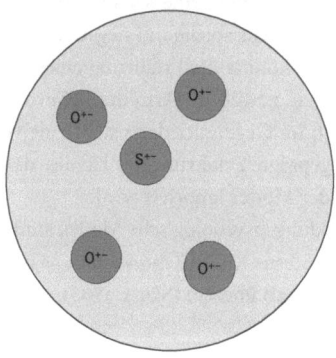

Abbildung 1b: Innere Welt des reifen, über dreijährigen Kindes bzw. des Erwachsenen mit reifer Struktur der Persönlichkeit

S^{+-} = integrierte Selbstrepräsentanz, O^{+-} = integrierte Objektrepräsentanz

Die Entwicklung der Persönlichkeitsstruktur

Im Alter von ca. 36 Monaten werden die bis dahin getrennt gehaltenen positiven und negativen Beziehungserfahrungen integriert, aus den Teilobjektbeziehungsdyaden der inneren Repräsentanzenwelt (siehe Abbildung 1a) werden zunehmend integrierte innere Bilder vom Selbst und wichtigen anderen (siehe Abbildung 1b). Dies ist ein Prozess, der unter normalen Bedingungen mit dem 36. Lebensmonat so weit abgeschlossen ist, dass in Ruhebedingungen eine integrierte Identität vorherrscht; unter Stressbelastungen findet eine Regression auf das Borderline-Niveau mit einem Zustand der gespaltenen inneren Bilder statt. Je nach innerer Stabilität und Resilienz finden solche Regressionen immer seltener statt und treten bei gesunden Erwachsenen kaum noch auf. In Situationen traumatisierender Extrembelastung regredieren allerdings auch Gesunde auf ein Borderline-Niveau des Funktionierens, ggf. sogar auf ein psychotisches (siehe hierzu auch Kapitel 2). Man kann also von einer Dynamik der Struktur sprechen, die in gewissen Grenzen adaptiv vonstattengeht – ebenso wie der Blutdruck, der Blutzucker oder die Herzfrequenz moduliert werden. Diese Flexibilität kann als ein Zeichen seelischer Gesundheit angesehen werden, da unter extremen Belastungen eine Regression dem Erhalt der psychischen Stabilität dient.

Wie vollzieht sich nun der Prozess von der gespaltenen inneren Welt zur integrierten? Hier dient ein Modell von Ciompi (1982), das auf Mahler, Pine und Bergman (1975, dt. 1980) sowie auf Kernberg (1976, dt. 1981) basiert, zum besseren heuristischen Verständnis (siehe Abbildung 2).

Im Laufe der ersten drei Lebensjahre erwirbt das Kind zunächst die Fähigkeit, zwischen Selbst und Objekt zu differenzieren, ein Entwicklungsschritt, der etwa bis zum 18. Lebensmonat abgeschlossen ist. Ist es zuvor für das Baby bzw. Kleinkind nicht möglich, innerlich zu erleben, dass es sich wohlfühlt, »weil« es von der Mutter gefüttert worden ist und nun mit dem Köpfchen an ihrer Schulter liegt, so gelingt diese Differenzierung nun. In dem Mahler'schen Modell in Abbildung 2 ist dies der Übergang zum »Borderline-Bereich«. Aus heutiger Sicht muss die frühe Phase der »undifferenzierten Matrix« als nicht haltbar angesehen werden. Die Säuglingsforschung der letzten Jahrzehnte hat uns gelehrt, dass Säuglinge bereits in den ersten Lebenstagen die Mutter an der Stimme, am Geruch und auch ihr Gesicht erkennen können (Dornes, 1993). Die weiteren Phasen des Modells sind jedoch heuristisch von großem Wert für das Verständnis der Persönlichkeitsentwicklung und der späteren Borderline-Persönlichkeit. Wichtig ist, dass die Spaltung gleich einem Staudamm positive und negative Aspekte des Selbst und der Objekte voneinander getrennt hält. Erst ab ca. dem 36. Lebensmonat wird die Spaltung überwunden und ein Stadium der Objektkonstanz erreicht. In der Zeit von etwa dem 18. bis zum 36. Lebensmonat ist das Kleinkind in der Lage, in seinem inneren Erleben das Selbst relativ sicher vom Objekt zu trennen, es kann jedoch die verschiedenen Anteile der inneren Bilder (Repräsentanzen) noch nicht integrieren. Wie bei einem Puzzle liegen die Teilaspekte der inneren Bilder unverbunden nebeneinander. Praktisch lässt sich dies wie folgt illustrieren:

Ein zweieinhalbjähriger Junge wünscht sich an der Supermarktkasse einen Lutscher, den ihm die Mutter verweigert. Der Junge wirft sich auf den Boden, schreit und trommelt mit den Fäusten auf den Boden. Er ruft aus: »Ich hasse dich! Du bist eine doofe Mama!« Zwanzig Minuten später sitzt der Junge zu Hause auf dem Schoß der Mama, die ihn im Arm hält, nachdem sie ihm eine Banane zu essen gegeben hat. Der Junge sieht sie verliebt an und sagt: »Ich liebe dich, du bist die beste Mama der Welt!«

Typisch ist, dass ein Kind diesen Alters entweder die »böse Mutter« erleben kann, die ihm keinen Lutscher kauft, oder die »gute Mutter«, die ihn liebevoll versorgt. Affektiv ist keine Gleichzeitigkeit, keine Ambivalenz möglich. Im Supermarkt kann der Junge keine positiven Gefühle für die Mutter erleben, später auf ihrem Schoß keine negativen. Die Affekte sind pur bzw. entmischt und »primitiv«. Möglicherweise kann sich das Kind kognitiv an das Geschehen im Supermarkt erinnern, allerdings wird es keinen »Zugriff« auf den Wutaffekt haben, diesen in der Situation zu Hause auf dem Schoß der Mutter nicht spüren (nicht repräsentieren) können.

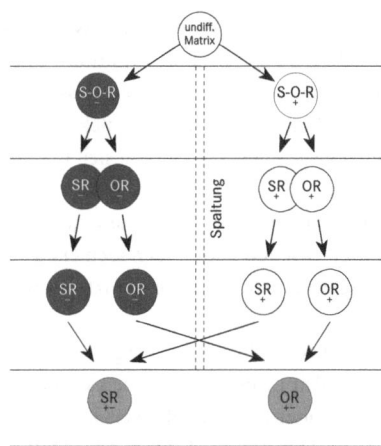

Abbildung 2: Modell der Entwicklung von Selbst- und Objektrepräsentanzen in Anlehnung an Ciompi (1982, S. 185), basierend auf den Modellen von Mahler, Pine und Bergman (1975, dt. 1980) sowie Kernberg (1976, dt. 1981)

S-O-R$^+$ = positive Selbst-Objekt-Repräsentanz, S-O-R$^-$ = negative Selbst-Objekt-Repräsentanz, SR$^+$ = positive Selbstrepräsentanz, SR$^-$ = negative Selbstrepräsentanz, OR$^+$ = positive Objektrepräsentanz, OR$^-$ = negative Objektrepräsentanz, SR^{+-} = integrierte Selbstrepräsentanz, OR^{+-} = integrierte Objektrepräsentanz

Nach Erreichen der Objektkonstanz verändert sich die innere Welt nachhaltig. Es sind nun ambivalente Affekte vorhanden, die immer gemischt bzw. gepuffert sind, primitive, entmischte Affekte treten nur noch in Extremsituationen auf. Das Kind kann jetzt sagen: »Mama, ich hab dich lieb, aber ich mag nicht, wenn du mich schimpfst.« Wir erkennen die Fähigkeit zur Ambivalenz, die mit der Objektkonstanz einhergeht, daran, dass wir in Situationen, in denen wir uns mit einem geliebten Menschen heftig streiten, nichts tun oder sagen, was die Beziehung nachhaltig beschädigt oder zerstört. Wir haben tief in uns (vielleicht nur unbewusst) den positiven, liebenden Affekt »auf dem Schirm«, wir vergessen nie, dass wir den anderen eigentlich lieben. Dies verhindert, dass aus Wut Hass wird – dass die Wut, die als konstruktiver Affekt dazu dient, unsere Interessen und Grenzen zu schützen, zu einem destruktiven Hass wird, der den anderen zerstören will. Ebenso sind unsere Affekte auch im libidinösen, positiven Bereich »gepuffert«, so mischt sich immer auch ein klein wenig Aggression in intime Nähe, ein wenig Provokation, Ironie, ein Kitzeln oder Kneifen – dies macht aus einem primitiven Verschmelzungswunsch (wie ihn Babys oder auch erwachsene Borderline-Patienten zeigen) eine reife, ambivalenztolerante Intimität.

Neben diesem situativen Aspekt der Objektkonstanz gibt es einen zeitlichen: Das Kleinkind kann sich nicht auf ein sicheres inneres Bild der Bezugsperson stützen, sondern entwickelt Zweifel, ob nach einer Trennung alles wieder wie vorher sein wird. Kommt die Mutter überhaupt zurück? Und wenn ja, wird sie mich noch so lieben wie zuvor? Was einem reifen Kind oder Erwachsenen selbstverständlich ist, wird im Alter unter drei Jahren zur Katastrophe – ebenso wie für Borderline-Patienten, für die die Wochenend- oder Urlaubspause eine existenzielle Krise in der therapeutischen Beziehung bedeutet. Dies liegt einfach daran, dass die inneren Bilder, die Repräsentanzen, verloren gehen. Es besteht zwar möglicherweise das kognitive Wissen, dass der Therapeut oder die Therapeutin am Montag wieder da sein wird, emotional fehlt jedoch jede Vorstellung davon, ob und wie die Beziehung weitergehen wird.

Aus dem bisher Gesagten ist vermutlich schon deutlich geworden, dass bei Borderline-Patienten, also Patienten und Patientinnen mit einer strukturellen Störung, der Schritt zur Objektkonstanz nicht vollzogen werden kann. Die innere Organisation ist geprägt durch das, was Kernberg Identitätsdiffusion nennt: Es bestehen keine integrierten inneren Bilder vom Selbst und von wichtigen anderen, die Spaltung bleibt aufrecht, positive und negative Anteile werden getrennt gehalten und können nicht im Sinne einer Ambivalenz zugleich erfahren werden. Heuristisch lässt sich diese Entwicklungshemmung an einem Beispiel erklären:

Eine Patientin mit Borderline-Persönlichkeitsstörung berichtet im diagnostischen Strukturellen Interview, dass sie schon als kleines Mädchen vom Vater sexuell missbraucht worden sei. Die Mutter habe davon gewusst und – anstatt sie zu schützen – ihr zugeredet, zum Vater zu gehen, »damit es schneller vorbei« sei und es »keinen Ärger gibt«. Die Patientin ist voller Hass auf ihre Mutter, nennt sie »ein Monster«, fragt, wie eine Mutter so etwas tun könne. Nur wenige Minuten später wird die Patientin nach ihrer besten Freundin gefragt. Spontan sagt sie: »Meine Mutter. Niemand steht mir so nah, niemand versteht mich so. Mit ihr kann ich alles teilen – ich liebe meine Mutter über alles.« Der Interviewer konfrontiert die Patientin mit dem offensichtlichen Widerspruch in der Schilderung ihrer Mutter, worauf diese verärgert sagt: »Was soll denn der Blödsinn?! Ich weiß doch wohl, wer mir am nächsten steht!« Sie ist außerstande, beide Affekte der Mutter gegenüber – Hass und Liebe – ambivalent zu tolerieren. Wieder einige Minuten später antwortet die Patientin auf die Frage nach der frühesten Erinnerung: »Da war ich so etwa vier oder fünf, mein Vater war mit mir auf dem Jahrmarkt, er hat mir Zuckerwatte gekauft, ich durfte Karussell fahren und er hat mich an der Hand gehalten. Das war der schönste Moment in meinem Leben!«

Hier zeigt sich sehr drastisch die Spaltung: Die Patientin ist nicht in der Lage, positive und negative Aspekte der Objekte zusammenzubringen, vielmehr werden diese vollständig voneinander getrennt repräsentiert – ist das eine aktiviert, kann auf das andere (zumindest emotional) nicht zugegriffen werden. An diesem Beispiel lässt sich aber noch mehr verdeutlichen: Stellt man sich vor, was es für ein dreijähriges Mädchen mit derartigen frühen Beziehungserfahrungen bedeuten würde, wie vorgesehen mit Vollendung des dritten Lebensjahres die Spaltung aufzugeben – was würde dies bedeuten? Was würde die Bilanz ergeben, in der positive und negative Anteile der elterlichen Objekte als Ganzes erlebt würden? Vermutlich würde doch von den wenigen positiven Erfahrungen nichts übrig bleiben und das Kind käme zu der Erkenntnis, dass die Eltern böse, destruktiv

Die Entwicklung der Persönlichkeitsstruktur

und hasserfüllt ihm gegenüber seien, dass sie es nie wirklich geliebt hätten. Für ein dreijähriges Kind wäre so eine Erkenntnis unerträglich, da es die (guten) Eltern zum Überleben braucht. Wenn das Unbewusste nun die Spaltung aufrechterhält, überleben die positiven Beziehungserfahrungen und Objektanteile, das Kind kann die Illusion von guten Eltern erhalten und überleben. So gesehen stellt diese Entwicklungshemmung einen adaptiven Mechanismus dar, der das psychische und soziale Überleben des Kindes sicherstellt. Der »Preis«, der für dieses Manöver zu entrichten ist, ist allerdings hoch: Es ist eben das fortgesetzte Funktionieren auf einem Borderline-Strukturniveau. Die klinischen Konsequenzen dessen werden im Detail im nächsten Abschnitt beleuchtet.

2 Die Borderline-Persönlichkeitsstörung

In der Terminologie Kernbergs werden Borderline-Persönlichkeitsorganisation und Borderline-Persönlichkeitsstörung unterschieden. Die Persönlichkeitsorganisation bezeichnet die im vorangegangenen Kapitel beschriebe innere Struktur bzw. die Reife der Repräsentanzenwelt. Der Begriff Persönlichkeitsstörung steht für das Syndrom, das in ähnlicher Weise auch in ICD-10 (Weltgesundheitsorganisation, 1991) und DSM-5 (American Psychiatric Association, 2015) enthalten ist.

Es wird an dieser Stelle darauf verzichtet, die diagnostischen Kriterien für die Borderline-Persönlichkeitsstörung wiederzugeben, es soll jedoch noch einmal darauf hingewiesen werden, dass die TFP im Prinzip bei allen Störungsbildern auf einem Borderline-Strukturniveau einsetzbar ist, also auch bei narzisstischen, paranoiden, schizoiden und schweren histrionischen Persönlichkeitsstörungen. Da die TFP auf eine Persönlichkeitsreifung und nicht auf eine bloße Symptomreduktion abzielt, kommt der Definition und Diagnostik des Strukturniveaus eine besondere Bedeutung zu. Dies gilt im Prinzip für alle psychoanalytischen bzw. psychodynamischen »Borderline-Therapien«, die Mentalisierungsbasierte Therapie (MBT; Bateman u. Fonagy, 2002) ebenso wie für die psychoanalytisch-interaktionelle Therapie (Streeck u. Leichsenring, 2015) und die strukturbezogene Psychotherapie nach Rudolf (2006).

In Übereinstimmung mit den empirischen Befunden zur Heritabilität von Endophänotypen (Siever, 2005) und in der Folge auch der Borderline-Persönlichkeitsstörung (Torgersen et al., 2012) geht Kernberg davon aus, dass eine genetische Disposition zur verstärkten Aggressivität den biologischen Boden für die Entwicklung einer Borderline-Persönlichkeitsstörung darstellt. Wie in Kapitel 1 dargestellt, liegt bei Patientinnen und Patienten auf einem Borderline-Niveau der Persönlichkeit eine innere Welt mit gespaltenen und fragmentierten Selbst- und Objektanteilen vor (siehe Abbildung 2, S. 19). Diese Disposition hat auf der Ebene des Verhaltens und Erlebens eine Reihe charakteristischer Manifestationen. Kernberg beschrieb zunächst eine charakteristische Trias, nämlich Identitätsdiffusion und primitive Abwehrmechanismen bei erhaltener Realitätskontrolle (z. B. Kernberg, 1984, dt. 1985). Später kamen als weitere Dimensionen die Reife der Objektbeziehungen, die Über-Ich-Integration und die primitive Aggression hinzu (siehe z. B. Clarkin, Yeomans u. Kernberg, 2006, dt. 2008).

Wie erwähnt, steht *Identitätsdiffusion* für die Innenwelt der nicht integrierten Selbst- und Objektrepräsentanzen, die sich klinisch dadurch manifestiert, dass die Betroffenen sich und wichtige andere nur schlecht beschreiben können. Es entsteht kein gestalthaftes, ganzheitliches Bild, sondern widersprüchliche Selbst- und Objektanteile stehen unverbunden nebeneinander, so wie wir es im Beispiel der Patientin (S. 21) gesehen haben. Auch verändert sich das Selbstbild kontinuierlich: Vorlieben, Überzeugungen, Geschmack, auch die sexuelle Orientierung können immer wieder neue Formen annehmen. Kernberg geht davon aus, dass die Identitätsdiffusion den Kern der Borderline-Pathologie darstellt und dass die anderen Manifestationen Folgen dieser zentralen Situation sind.

Da weder Ambivalenztoleranz noch Objektkonstanz bestehen, sind die *zwischenmenschlichen Beziehungen* stark beeinträchtigt. Die Affekte treten pur und »entmischt« auf, das heißt, sie sind heftig, kaum steuerbar und extrem in ihrer Qualität, entweder stark positiv, leidenschaftlich, freudig, erregt oder stark negativ, in Form von bodenloser Angst und Verzweiflung oder Wut und Hass. In den Beziehungen führt dies entweder zu starken Idealisierungen oder zu Entwertungen, einer ständig hohen emotionalen Intensität, einem Leben auf einem Vulkan. Dies kann für bestimmte Menschen aufregend und schön sein, die auf diese Weise eine schillernde Intensität und Leidenschaft in ihrem Leben finden, die sie aus sich selbst heraus nicht entwickeln könnten – um den Preis von wiederkehrender Verzweiflung und Verletzung. Typisches Muster sind On-off-Beziehungen, dramatische Trennungs- und Wiederversöhnungserlebnisse. Borderline-Persönlichkeiten sind nicht selten begabt und kreativ und beruflich durchaus erfolgreich, insbesondere im künstlerischen Bereich, wo die Intensität ihres Erlebens eine schöpferische Quelle sein kann. Sollbruchstellen der Beziehungsharmonie sind reale oder vermeintliche Distanzierungen. Aufgrund der fehlenden Objektkonstanz können Borderline-Persönlichkeiten die Abwesenheit des geliebten Menschen nur schwer ertragen, da sie die innere Gewissheit der Verbundenheit nicht aufrechterhalten können und daher wie ein zweieinhalbjähriges Kind fürchten, den Partner oder dessen Liebe für immer verloren zu haben. In Kombination mit den intensiven und primitiven Affekten kann dies dramatische, verzweifelte Reaktionen mit selbst- oder fremdgerichteter Aggression und depressiven Zuständen auslösen.

Im Zusammenhang mit der Identitätsdiffusion kommt es zum Auftreten *primitiver Abwehrmechanismen*. Während reifere Persönlichkeiten Belastungen intrapsychisch durch Abwehr bewältigen können, beispielsweise unangenehme Wahrheiten rationalisieren, intellektualisieren oder ganz verdrängen, sind Borderline-Persönlichkeiten hierzu nicht in der Lage, da ihre Abwehr nicht reif und stabil genug ist, um die Inhalte verlässlich aus dem Bewusstsein zu entfernen. Vielmehr tauchen die abgewehrten Inhalte immer wieder auf und bedrohen das Ich. Daher werden interpersonelle, primitive Abwehrmechanismen eingesetzt, die das Gegenüber in die Stabilisierungsbemühungen einbeziehen und verstricken. Von zentraler Bedeutung ist hier die projektive Identifikation. Auf der Grundlage von Spaltung, Idealisierung und Entwertung geschieht es hier, dass ein Anteil einer frühen verinnerlichten Teilobjektbeziehung auf das Gegenüber projiziert und in diesem induziert wird. Dies soll an einem Beispiel verdeutlicht werden:

Eine Borderline-Patientin kehrt im Rahmen ihrer Wochenendbeurlaubung von der Psychotherapiestation zu ihrem Freund in die gemeinsame Wohnung zurück. Sie sieht, dass er die Küche nicht aufgeräumt und nicht abgespült hat. Dies stürzt sie unvermittelt in einen Zustand von Verzweiflung und Hass. Es entspinnt sich ein Streit, der mehrere Stunden anhält. Sie denkt darüber nach, ihn zu verlassen, weil er mit ihr so rücksichtslos umgeht, sie immer wieder so verletzt. Voller Hass entwertet und beleidigt sie ihn und wirft ihm vor, sie nicht mehr zu lieben. Erst am Abend kommt es zur dramatischen Versöhnung mit Liebesbeteuerungen und Entschuldigungen.

Die Patientin trägt aufgrund früher Beziehungserfahrungen höchst destruktive Selbstanteile in sich, die eine ständige Bedrohung für ihre Partnerschaft darstellen. Sie fürchtet, ebenso wie ihre Mutter in einem heftigen Affekt ihren Partner schwer zu verletzen und dadurch eventuell sogar die Beziehung zu zerstören. Als dieser innere Anteil durch die nicht aufgeräumte Küche aktiviert wird, »löst« die Patientin das Problem dadurch, dass sie den destruktiven Anteil auf den Partner projiziert, um sich davon zu entlasten: Nun ist es nicht mehr sie selbst, sondern der Partner, der sie nicht mehr liebt und die Beziehung zerstören will. Zunächst induziert sie den destruktiven Anteil im Partner, um unbewusst sicherzustellen, dass dieser sich auch wirklich damit identifiziert. Im nächsten Schritt kontrolliert und bekämpft sie den Selbstanteil im Partner, indem sie ihn für seine Lieblosigkeit beschimpft und ihm Trennungsabsichten unterstellt. Der Partner spürt den projizierten Anteil als etwas eigenes, identifiziert sich damit und hat möglicherweise ganz real einen Trennungswunsch angesichts der Szene, die ihm gemacht wird. Allerdings ist er stabil genug, den Anteil in sich zu ertragen (zu containen), ohne seinerseits die Beziehung zu beschädigen, wegzugehen oder sich gar zu trennen. Wie in einem »atomaren Zwischenlager« konnte die Patientin ihren unerträglichen und bedrohlichen Selbstanteil an den Partner delegieren und sich dadurch entlasten.

In der Regel ist es eher so, dass die Objekte die ihnen zugeschriebene Rolle übernehmen und in Handlung umsetzen (ausagieren), was dann zu einer Reinszenierung einer früheren Beziehungserfahrung führt, die gleichermaßen enttäuschend verläuft wie gewohnt. Man kann in einer projektiven Identifikation also die Manifestation eines Übertragungsprozesses sehen. Aufgrund dieser primitiven Abwehrmechanismen sind die zwischenmenschlichen Beziehungen von Borderline-Persönlichkeiten starken Belastungsproben ausgesetzt (siehe hierzu auch den Band zu Widerstand und Abwehrmechanismen von Seiffge-Krenke u. Kollmar, 2017, in der Reihe »Psychodynamik kompakt«).

Die beeinträchtigte *Über-Ich-Integration* bzw. Reife des Gewissens stellt eine weitere Manifestationsform der Borderline-Persönlichkeitsorganisation dar. Bei einer reifen Organisation wurden moralische Werte verinnerlicht, und der Betroffene verhält sich aus dieser Überzeugung heraus moralisch. Bei einer etwas eingeschränkten Funktion verhält sich der Betroffene immer noch moralisch, jedoch aus etwas anderen Motiven. Es ist die Furcht, entdeckt zu werden, und das Abwägen der Folgen, die vor dem unmoralischen Handeln zurückschrecken lassen. Auf einem Borderline-Organisationsniveau sind zwar im Prinzip verinnerlichte moralische Werte vorhanden, sie sind jedoch nicht stabil genug, um das Handeln nachhaltig zu regulieren. Infolgedessen kommt es immer wieder zum moralischen Versagen, was dann durch heftige Selbstvorwürfe, Selbstbestrafungen und -entwertungen durch ein rigides, strafendes Über-Ich (innerer Scharfrichter) beantwortet wird. Dabei kreisen die Betroffenen um sich selbst und vergessen, sich um die »Opfer« zu kümmern oder präventive Vorkehrungen gegen eine Wiederholung der Verfehlung zu treffen. Auf noch niedrigeren Organisationsniveaus der Über-Ich-Pathologie nehmen antisoziale Züge zu, bis schließlich am Ende ein psychopathischer Zustand mit völligem Fehlen moralischer Werte und Reue erreicht wird.

Unterhalb des Borderline-Organisationsniveaus befindet sich das psychotische Funktionsniveau, bei dem die Selbst- und Objektrepräsentanzen nicht nur gespalten sind, sondern wieder verschmelzen, so wie es in Abbildung 2 (S. 19) für die zweite Ebene (Differenzierung I) indiziert ist. Damit geht ein Verlust der Realitätskontrolle einher, was sich als psychotisches Erleben manifestieren kann. Beim Borderline-Organisationsniveau finden sich *Verzerrungen der Realitätswahrnehmung* (nicht zuletzt infolge der projektiven Identifikationen), aber kein Realitätsverlust. Rohde-Dachser (2004) spricht hier treffend von »Mini-Psychosen«. Diese Zustände zeichnen sich dadurch aus, dass sie durch Konfrontation mit der Realität korrigiert werden können und selten länger als Minuten oder Stunden anhalten.

3 Diagnostik

Das zentrale diagnostische Instrument in der TFP ist das *Strukturelle Interview* (Kernberg, 1981, 1984), das üblicherweise im Erstkontakt eingesetzt wird. Allerdings erschöpft sich die Diagnostik nicht darin, da zusätzlich eine detaillierte phänomenologische Diagnostik im Sinne von ICD-10 oder DSM-5 und eine umfassende biografische Anamnese durchgeführt werden, um die Pathologie auf der Symptom- und der Strukturebene in einen psychodynamischen Verstehenszusammenhang mit der Lebensgeschichte und der sozialen Situation stellen zu können.

Beim Strukturellen Interview handelt es sich um eine Kombination aus psychoanalytischem Erstinterview und einem mehr explorativen Vorgehen zur Erfassung bestimmter Symptombereiche. Kernberg hat zunächst ein zyklisches Vorgehen beschrieben, bei dem nach und nach ein Störungsbereich nach dem anderen ausgeschlossen wird, um am Ende eine Strukturdiagnose stellen zu können. Parallel dazu geht es darum, eine qualitative Beziehungs- und Übertragungsdiagnose zu stellen und nach Möglichkeit abschließend bereits eine Probedeutung des Übertragungsgeschehens zu geben.

Initial werden vier Fragen gestellt, um den Patienten zur Selbstexploration anzuregen und zugleich seine kognitiven Fähigkeiten zu überprüfen – ein Patient, der sich vier Fragen merken und nacheinander beantworten kann, ist in der Regel weder hirnorganisch beeinträchtigt noch psychotisch. Die Fragen lauten in etwa: »Was führt Sie her? Was sind Ihre Beschwerden und Probleme? Was erwarten Sie von der Behandlung? Wo stehen Sie jetzt?« Anhand der Antworten des Patienten ergeben sich Möglichkeiten, die einzelnen strukturellen Dimensionen abzuklären, wobei insbesondere die Beziehungen, Partnerschaft und Sexualität sowie der Bereich von Arbeit, Ausbildung und Beruf fokussiert werden. Damit steht das Interview in der Tradition Freuds, der bereits »Leistungs- und Genussfähigkeit« als die zentralen Aspekte seelischer Gesundheit ansah (Freud, 1904/1999, S. 8). Hier wird im Detail exploriert, ob der Patient seinen Möglichkeiten entsprechend konstant leistungsfähig ist und sozial im Beruf zurechtkommt; zudem, ob er konstante und für beide Seiten befriedigende Beziehungen führen und aufrechterhalten kann und ob eine Verbindung von Liebe, Intimität und Sexualität in Partnerschaften möglich ist.

Je nach den Schilderungen des Patienten oder der Patientin werden Symptomatik, selbst- und fremdschädigendes Verhalten sowie antisoziale Züge exploriert. Besonderes Augenmerk wird darüber hinaus auf die Behandlungsgeschichte des Patienten gelegt, da sich aus früheren Therapieerfahrungen wichtige Schlüsse für die zukünftige Behandlung ziehen lassen.

Während des gesamten Interviews wird das Beziehungsverhalten des Patienten in den Beziehungen des realen Lebens erfasst und mit den Manifestationen von Übertragungsmomenten abgeglichen. Durch Benennen von verbalen oder nonverbalen Übertragungsmanifestationen wird die Übertragung herausgearbeitet und schließlich probeweise gedeutet.

T: Sie haben immer wieder darauf hingewiesen, dass Sie in Beziehungen sehr misstrauisch sind, da Sie fürchten, verletzt zu werden. Mir fällt auf, dass Sie mich auch immer wieder misstrauisch ansehen und mehrfach betont haben, dass mich bestimmte Dinge nichts angehen. Ich frage mich, ob es sein könnte, dass Sie auch hier fürchten, verletzt zu werden. […] Man könnte doch sagen, dass Ihr Misstrauen in Ihrem Leben immer wieder verhindert hat, dass Sie in tiefer gehende Beziehungen eintreten können – und dasselbe zeigt sich vielleicht auch hier: Ihr Misstrauen mir gegenüber könnte verhindern, dass Sie es schaffen, eine Therapie zu beginnen.

Diese sehr oberflächennahe Deutung im Strukturellen Interview vermittelt dem Patienten oder der Patientin eine erste Erfahrung davon, wie eine TFP »funktioniert«, und schafft dadurch möglicherweise eine Motivation, die Entscheidung für die Therapie zu treffen. Darüber hinaus kann sie dazu beitragen, eine Reinszenierung früher Beziehungserfahrungen zu verhindern, die in das Scheitern der Beziehung und damit einen frühen Therapieabbruch münden könnte.

Nach dem Strukturellen Interview steht in der Regel die Strukturdiagnose, und erste Hypothesen über die zukünftigen Übertragungsmuster können aufgestellt werden. Die weiteren diagnostischen Interviews vervollständigen nun die Symptomdiagnostik und dienen der Erhebung einer biografischen und sozialen Anamnese. Dies ermöglicht das psychodynamische Verstehen des Patienten und seiner Störung.

Ein weiterer ganz wesentlicher Aspekt der Diagnostik ist die Vorbereitung des Therapievertrags. Sollte sich herausstellen, dass eine TFP indiziert ist, schließt sich an die Diagnostik die Aufklärung und Information des Patienten über seine Erkrankung und die Behandlungsmöglichkeiten an sowie ggf. die Diskussion der Voraussetzungen für eine TFP. Damit der Therapeut diese erfolgreich führen kann, braucht er bis zu diesem Zeitpunkt alle Informationen über mögliche Komplikationen und Gefährdungen der Therapie. Dabei geht es insbesondere um Erfahrungen in früheren Therapien, die sich wiederholen können, aber auch um das Beziehungsverhalten und die Symptomatik des Patienten im Allgemeinen, die berücksichtigt werden müssen. Auf den Therapievertrag in der TFP wird in Kapitel 5.1 detailliert eingegangen.

In Ergänzung zum freien klinischen Vorgehen in der Diagnostik können zur Vertiefung der Diagnostik bzw. im Forschungskontext auch testpsychologische Instrumente eingesetzt werden. Das Strukturierte Interview zur Persönlichkeitsorganisation (STIPO; Clarkin, Caligor, Stern u. Kernberg, 2004) wurde entwickelt, um die Ergebnisse des Strukturellen Interviews zu quantifizieren und die Diagnostik für wissenschaftliche Zwecke ausreichend reliabel durchführen zu können. Das Interview umfasst sieben Dimensionen: (1) Identität, (2) Objektbeziehungen, (3) primitive Abwehr, (4) Coping/Rigidität, (5) Aggression, (6) Wertvorstellungen, (7) Realitätskontrolle und Wahrnehmungsverzerrungen. Das 100 Items umfassende strukturierte Interview ist in englischer und deutscher Sprache gut validiert (Stern et al., 2010; Doering et al., 2010) und frei verfügbar[2]. Eine Kurzversion mit 55 Items befindet sich derzeit in der Validierungsphase.

Mit dem Inventar zur Persönlichkeitsorganisation (IPO; Clarkin, Foelsch u. Kernberg, 2001; Lenzenweger, Clarkin, Kernberg u. Foelsch, 2001) liegt eine Fragebogenversion des STIPO mit 83 Items vor, die auch in deutscher Sprache validiert wurde (Dammann, Hörz u. Clarkin, 2012; König, Dahlbender, Holzinger, Topitz u. Doering, 2016). Für Screeningzwecke eignet sich die Kurzversion mit 16 Items (IPO-16; Zimmermann et al., 2013; Zimmermann, Benecke, Hörz-Sagstetter u. Dammann, 2015).

---

[2] Download der deutschen Version des Interviewmanuals: www.meduniwien.ac.at/hp/psychoanalyse/forschung/diagnostik-downloads; Download der englischen Version: http://psinstitute.org/pdf/Structured-Interview-of-Personality-Organization.pdf

4 Die therapeutische Haltung

4.1 Technische Neutralität

Die TFP unterscheidet sich von den anderen Borderline-Therapien durch ihre Haltung in der therapeutischen Beziehung. Diese entspricht im Wesentlichen der der Psychoanalyse und besteht in technischer Neutralität und dem Fokussieren der Übertragungsbeziehung.

Im Unterschied zu mehr verhaltensorientierten Ansätzen, die Skills vermitteln, also kognitiv und auf der Handlungsebene intervenieren, ist die TFP eine erfahrungsorientierte Behandlungsform, in der davon ausgegangen wird, dass Veränderung im Wesentlichen durch eine großenteils unbewusste Beziehungserfahrung vermittelt wird.

Dies geht auf zweierlei Weise, zum einen durch eine supportive Haltung, in der die Therapeutin oder der Therapeut für einen inneren Anteil des Patienten Partei ergreift und diesen unterstützt und fördert. Im Gegensatz dazu würde in der Haltung der technischen Neutralität eine Äquidistanz zu widersprüchlichen Anteilen des Patienten gewahrt, auch wenn einer dieser Anteile eindeutig destruktiver Natur ist. Ein Beispiel soll dies verdeutlichen:

Eine 26-jährige Patientin, die als Kind Opfer eines sexuellen Missbrauch geworden war, kommt verzweifelt in die Stunde und berichtet von einer Situation am Vortag, bei der sie sich einem Mann gegenüber nicht ausreichend abgrenzen konnte, sodass dieser sie zunehmend mit anzüglichem und zudringlichem Verhalten bedrängt habe. Schließlich habe er an der Bar seine Hand auf ihren Oberschenkel gelegt und versucht, sie zu küssen. Wie in Panik sei sie aufgesprungen und aus der Bar gelaufen. In der Nacht habe sie nicht schlafen können und sich heftige Vorwürfe gemacht, dass sie es so weit habe kommen lassen.

Ein supportiver Psychotherapeut würde möglicherweise sagen:

T: Niemand hat das Recht, Ihre Grenzen zu überschreiten. Sie sind nicht schuldig an dem, was geschehen ist.

Oder aber:

T: Wie wir sehen, ist es Ihnen da nicht gut genug gelungen, Ihre Grenzen deutlich zu machen. Wir sollten miteinander überlegen, was Sie da beim nächsten Mal anders machen können, um sich selbst vor einer solchen Situation zu schützen.

Oder vielleicht:

T: Ich verstehe gut, dass Sie verzweifelt sind, aber ich finde es sehr gut und sehr wichtig, dass es Ihnen gelungen ist, die Bar zu verlassen, bevor etwas Schlimmeres passieren konnte. Da haben Sie also schon gelernt, besser auf sich aufzupassen als früher.

In allen drei Fällen ergreift der Therapeut Partei für den Opferanteil der Patientin, indem er entweder den Täter verurteilt, sich an die Seite der Patientin stellt, um gemeinsam das Opfer zu stärken, oder sie lobt für das, was sie schon erreicht hat.

Ein TFP-Therapeut würde grundsätzlich anders vorgehen. Er würde entweder klarifizierend bzw. konfrontierend intervenieren oder abwarten, bis er den Übertragungsaspekt des Narrativs verstanden hätte (Ausnahme wären lediglich akute Traumatisierungen oder schwere belastende Lebensereignisse, wo eine nichtneutrale Reaktion selbstverständlich angemessen wäre). Ersteres könnte wie folgt aussehen:

T: Sie haben mir schon öfter berichtet, dass Sie in Bars gehen, wo üblicherweise Singles Anschluss suchen, und dass Sie sich dabei auch figurbetont kleiden. War das gestern auch der Fall?
P: Ja, das war so wie immer.
T: Dann könnte man also sagen, dass es einen Teil in Ihnen gibt, der die Gefahr bewusst in Kauf nimmt, der es geradezu darauf anlegt, Übergriffe zu provozieren. Und es gibt einen anderen Teil, der Angst hat, verletzt zu werden, der sich nicht schützen kann.

Durch diese Intervention würden die beiden in der realen Situation aktiven Selbstanteile der Patientin benannt, ohne die Übertragungsbeziehung zu thematisieren. Dies allein dürfte aber noch nicht ausreichen, um eine Verhaltensänderung der Patientin zu bewirken, da hierzu die korrigierende Beziehungserfahrung fehlt. Eher würde die kognitive Überzeugung »Ich mache etwas falsch, ich bin selber schuld« noch verstärkt. Die Affekte der realen Situation wären weit weg, nicht aktiviert, es würde ein Theoretisieren in der Therapie stattfinden. Daher würde die TFP-Therapeutin oder der TFP-Therapeut versuchen, die Dynamik auch in der Übertragung zu aktivieren, um den zugehörigen Affekt live erlebbar zu machen, das »Eisen zu schmieden, solange es heiß ist«. Dies könnte zum Beispiel so geschehen:

Die Patientin kommt in die nächste Stunde mit einem sehr kurzen Kleid, schlägt die Beine über und wendet sich mit einem etwas provokanten Lächeln dem männlichen Therapeuten zu.

T: Sie zeigen mir heute viel von Ihrem Körper.
P: Oh nein, nicht Sie auch noch! Ich habe jetzt total das Gefühl, dass Sie auch mit mir ins Bett wollen – wie alle anderen. Das ist so furchtbar, ich hatte gehofft, dass Sie anders wären … (Patientin weint) … aber … ich bin ja selber schuld, weil ich mich so nuttig angezogen habe …
T: Es wäre schlimm für Sie, wenn ich Ihr Vertrauen missbrauchen würde, und Sie würden sich selbst die Schuld dafür geben.

P: Oh, mein Gott ... ich schäme mich so dafür. Ich hab solche Angst, dass Sie mich jetzt rauswerfen, die Therapie mit mir beenden.

T: Sie erleben sich in einer ausweglosen Situation: Entweder ich habe sexuelles Interesse an Ihnen, was am Ende zu einem Übergriff führen könnte, der Sie schädigen und die Therapie zerstören würde, oder ich missbillige Ihr Verhalten und schicke Sie deshalb weg. Es scheint keinen Ausweg aus diesem Dilemma zu geben, am Ende bleiben Sie so oder so allein und verletzt zurück.

Durch seine Haltung der technischen Neutralität ermöglicht der Therapeut zweierlei: Zum einen versteht die Patientin, dass sie zwei verschiedene Anteile in sich trägt, einen, der schwach und ängstlich Übergriffe fürchtet, und einen anderen, der diese provokativ herausfordert. Zum anderen ist es gelungen, die zugehörigen Affekte in der Übertragungsbeziehung erlebbar zu machen und in Verbindung damit die korrigierende Beziehungserfahrung zu ermöglichen, dass der Therapeut sie versteht und dass er sie weder missbraucht noch wegschickt.

Die oben gezeigten supportiven Interventionen würden keine Einsicht in die innere Welt der Patientin ermöglichen und zudem ignorieren, dass ein Teil von ihr den Übergriff unbewusst provoziert[3]. Zudem wäre die Beziehungserfahrung mit dem Therapeuten eine grundsätzlich andere: Der Therapeut würde vermitteln, dass er der Patientin hilfreich zur Seite steht, da sie allein zu schwach ist, mit der bedrohlichen Außenwelt zurechtzukommen. Der Patientin würde die Opferrolle zugeschrieben, der destruktive Anteil würde dem Täter in der Außenwelt zugeschrieben, und der Therapeut wäre der gute Helfer. Dadurch würde der destruktive Selbstanteil der Patientin verleugnet, und der Therapeut bräuchte sich nicht in

---

3 Bei diesem und ähnlichen Beispielen muss deutlich zwischen einer neutralen Haltung gegenüber Täter- und Opferanteilen in der Patientin auf der einen Seite und einer moralischen Einstellung hinsichtlich sexueller Übergriffe auf der anderen Seite unterschieden werden. Natürlich ist bei einem Übergriff der Täter moralisch (und juristisch) verantwortlich zu machen und nicht das Opfer.

einer für ihn selbst quälenden Weise mit dem Täteranteil zu identifizieren bzw. identifizieren zu lassen. Dieses Vorgehen erscheint weniger geeignet, um eine Integration der verschiedenen Selbstanteile herbeizuführen als das deutende Vorgehen aus einer Haltung der technischen Neutralität heraus.

Mit diesen Erörterungen ist die Haltung des TFP-Therapeuten oder der TFP-Therapeutin aber noch nicht erschöpfend dargestellt. Die technische Neutralität steht im Dienste eines darunterliegenden und noch wesentlich bedeutsameren Aspektes der therapeutischen Haltung, nämlich der Fähigkeit zur *Rollenübernahme* und zum *Containment*. Bevor diese zentralen Begriffe erläutert werden, soll ein kurzer Exkurs die Phänomene von Übertragung und Gegenübertragung mit ihren spezifischen Besonderheiten bei Borderline-Patientinnen und -Patienten erschließen.

4.2 Exkurs: Übertragung und Gegenübertragung

Schon sehr früh in der Entwicklung der Psychoanalyse beobachtete Freud, dass seine Patientinnen und Patienten ihn in einer Weise wahrnahmen und behandelten, die sich auf frühere Beziehungserfahrungen zurückführen ließ. Diese betrachtete er zunächst als störend:

»Was sind Übertragungen? Es sind Neuauflagen, Nachbildungen von den Regungen und Phantasien, die während des Vordringens der Analyse erweckt und bewusst gemacht werden sollen, mit einer für die Gattung charakteristischen Ersetzung einer früheren Person durch die Person des Arztes. Um es anders zu sagen: eine ganze Reihe früherer psychischer Erlebnisse wird nicht als vergangen, sondern als aktuelle Beziehung zur Person des Arztes wieder lebendig« (Freud, 1905/1999, S. 279 f.).

Allerdings erkannte Freud schon bald die therapeutische Chance, die in den Übertragungsphänomenen lag, boten sie doch die Möglichkeit, die verhaltensbestimmenden und prägenden frühen Beziehungserfahrungen in der Analyse zu reaktivieren und zu bearbeiten:

»Es ist unleugbar, daß die Bezwingung der Übertragungsphänomene dem Psychoanalytiker die größten Schwierigkeiten bereitet, aber man darf nicht vergessen, daß gerade sie uns den unschätzbaren Dienst erweisen, die verborgenen und vergessenen Liebesregungen der Kranken aktuell und manifest zu machen, denn schließlich kann niemand *in absentia* oder *in effigie* erschlagen werden« (Freud, 1912/1999a, S. 374).

Hier bezogen auf die erotische Übertragung wird deutlich, dass Freud in der Aktivierung der Übertragung im Rahmen der therapeutischen Beziehung geradezu eine Voraussetzung dafür sieht, dass die neurotisch verarbeiteten Erfahrungen bearbeitet und überwunden werden können.

Übertragungen sind ein ubiquitäres Phänomen, das nicht auf therapeutische Situationen und nicht auf psychische Erkrankungen beschränkt ist. Wir alle übertragen ständig, man könnte in Anlehnung an Watzlawick sagen: »Man kann nicht nicht übertragen.« Niemand ist in der Lage, Beziehungen völlig unbefangen und frei von früheren Beziehungserfahrungen zu erleben. Immer werden unsere Erwartungen von der Vergangenheit geprägt sein und unser Verhalten wird sich daran ausrichten. Dies kann auch durchaus positiv sein, wenn wir gute Erfahrungen mitbringen: Wenn unsere Eltern uns liebevoll, respektvoll und anerkennend behandelt haben, werden wir dies auch von anderen Menschen erwarten und sie entsprechend behandeln. Dies ruft bei den Menschen in der Regel positive Reaktionen hervor: Wer spürt, dass das Gegenüber ihn positiv sieht, freut sich und behandelt den anderen gut. Das Gegenteil ist meist der Fall, wenn negative Beziehungserfahrungen übertragen werden. Wenn ich im Gegenüber einen potenziellen Aggressor sehe und ihn entsprechend behandele, werde ich über kurz oder lang eine negative Reaktion provozieren. Übertragungsphänomene können als Beitrag zu einer self fulfilling prophecy gesehen werden oder – anders ausgedrückt – wir erwarten, was wir kennen, und tragen dazu bei, dass genau das geschieht, was bereits früher geschah. Freud verwendete in diesem Zusammenhang den Begriff *Wiederholungszwang* (Freud, 1920/1999, S. 16 ff.), eine Kraft, die uns zwingt, immer gleiche Beziehungserfahrungen zu wiederholen. Dies kann bizarre Formen annehmen und von außen betrachtet unverständlich wirken:

Eine Frau wurde als Kind Zeuge massiver Gewalt des alkoholkranken Vaters der Mutter gegenüber und war auch selbst Opfer des Vaters. Später heiratet sie einen alkoholkranken Mann, der sie körperlich misshandelt. Im Rahmen der Therapie gelingt es ihr, sich aus der dysfunktionalen Beziehung zu lösen. Kurz darauf berichtet sie freudestrahlend von einer neuen und ganz anderen Liebe. Nur wenige Wochen nach Beginn der neuen Beziehung kommt sie mit einem blauen Auge in die Therapiesitzung und sagt, dass ihr Freund sie geschlagen habe und dass sie darauf gekommen sei, dass er trinkt. Sie wolle sich aber keinesfalls trennen, sondern ihm beistehen, ihn retten, da er ein so wertvoller Mensch sei. Sie sei überzeugt, dass ihr dies gelingen könne, wenn sie sich nur intensiv genug um ihn bemühe.

Dieses auf den ersten Blick unverständliche Verhalten lässt sich auf zweierlei Weise erklären: Zum einen suchen wir alle immer das, was wir schon kennen, da es weniger Angst macht als das Neue. Auch wenn es schmerzliche Erfahrungen sind, die wir suchen und finden – etwas noch nie Dagewesenes auszuprobieren erfordert in der Regel mehr Mut, selbst wenn es etwas Gutes für uns wäre. Das zweite Motiv des Wiederholungszwangs ist das vermutlich noch stärkere, das sich aus einem geradezu magischen Denken speist: Wir folgen der unbewussten Fantasie, dass wir die Vergangenheit ungeschehen machen können, wenn wir die Gegenwart verändern. Die oben erwähnte Patientin nimmt unbewusst an, dass sie ihren Vater retten könne, wenn sie ihren Freund rettet. Mit diesem Motiv spielt übrigens der erste Film »Superman« (1978, Regie: Richard Donner): Supermans Geliebte, Lois Lane (Margot Kidder), kommt durch ein Erdbeben – verursacht vom Bösewicht Lex Luthor (Gene Hackman) – um. Superman (alias Clark Kent, gespielt von Christopher Reeve) rettet Lois nun auf besondere Weise quasi post mortem: Er umrundet mehrere Male mit Höchstgeschwindigkeit fliegend die Erde gegen ihre Rotationsrichtung, was schließlich dazu führt, dass diese aufhört, sich zu drehen, und sich – langsam, aber doch – gegen ihre Richtung dreht. Dadurch wird auch die Zeit zurückgedreht, und Superman hat nun Zeit, Lois vor dem Tod zu bewahren.

Mit der magischen Fantasie, durch die Rettung des Partners den Vater retten zu können, verbindet sich die Hoffnung, die Illusion aufrechterhalten zu können, dass die Eltern sie doch geliebt haben, ihr Leben doch gut gewesen sei. Somit soll der unendliche Schmerz vermieden werden, der mit der Erkenntnis verbunden ist, dass die Eltern sie nicht geliebt haben, dass sie sie niemals mit Respekt und Anerkennung behandelt haben, sondern gleichgültig oder missbräuchlich mit ihr verfahren sind. Das magische Denken geht hier also eine unbewusste Kollusion ein mit dem Bestreben, den Schmerz zu vermeiden. Gleichzeitig wird dadurch die Ablösung von den – wenn auch möglicherweise nur noch verinnerlicht existierenden – Eltern verhindert, ein Durcharbeiten und Bewältigen der schmerzlichen Kindheitserfahrungen kann nicht erfolgen.

Freud erkannte, dass die Aktivierung dieses Kreislaufs in der Übertragungsbeziehung mit dem Therapeuten die Möglichkeit bietet, einen anderen und unerwarteten Ausgang der immer gleichen Geschichte zu erfahren. Dies kann als ein zentraler Schritt hin zur Veränderung angesehen werden.

Freud prägte für die Reaktion des Psychoanalytikers auf die Übertragung des Patienten den Begriff Gegenübertragung (Freud, 1910/1999, S. 108). Unter dem Eindruck früher Verstrickungen von Psychoanalytikern mit ihren Patientinnen (allen voran C. G. Jungs Affäre mit seiner früheren Patientin Sabina Spielrein) stellte Freud die Forderung auf, dass sich der Analytiker durch eine »Selbstanalyse« (die heutige Lehranalyse) von der Gegenübertragung befreien solle (Freud, 1910/1999, S. 108), um dann völlig unbeeinflusst davon gleich einer Spiegelplatte »nichts anderes [zu] zeigen, als was ihm gezeigt wird« (Freud, 1912/1999b, S. 384). Obwohl Freud auch verlangte, der Arzt solle »dem gebenden Unbewussten des Kranken sein eigenes unbewußtes Organ zuwenden, sich auf den Analysierten einstellen, wie der Receiver des Telephons zum Teller eingestellt ist« (Freud, 1912/1999b, S. 381), sollten knapp dreißig

Jahre vergehen, bis die Gegenübertragung mit ihren enormen diagnostischen und therapeutischen Möglichkeiten erkannt und gewürdigt wurde. Paula Heimann war es, die 1950 in ihrem berühmt gewordenen Beitrag zur Gegenübertragung diese rehabilitierte und auf ihren enormen Wert für die Psychoanalyse hinwies. Sie sah in der Gegenübertragung eines der wichtigsten Werkzeuge zur Erforschung des Unbewussten des Patienten, wobei sie davon ausging, dass das Unbewusste des Therapeuten einen Rapport mit dem des Patienten eingeht, bevor dem Therapeuten seine dadurch erzeugten Gefühle, Gedanken und Fantasien bewusst werden. Joseph Sandler (1976) entwickelte diesen Gedanken weiter und verlangte vom Analytiker eine Haltung der *freischwebenden Rollenübernahmebereitschaft*, im Rahmen derer er sich auf die vom Patienten übertragene Rolle innerlich einlassen und so dem Patienten die Bearbeitung abgewehrter Anteile erleichtern solle. Wilfred Bion (1970) hat diesen Prozess in seinem Modell vom Container noch wesentlich weiter ausdifferenziert, wovon im nächsten Kapitel die Rede sein wird.

Im Gegensatz zu den frühen unidirektionalen Konzepten von Übertragung und Gegenübertragung – der Patient überträgt, der Therapeut reagiert mit seiner Gegenübertragung – wird heute eher von einer komplexen Durchdringung bidirektionaler (Gegen-)Übertragungsprozesse beider Beteiligten ausgegangen. Betty Joseph (1985) spricht von der *totalen Übertragung*, Antonino Ferro (2005) und Thomas Ogden (2005) von einem *interpersonellen Feld*. Griffiger und für die therapeutische Arbeit hilfreich unterscheiden Clarkin, Yeomans und Kernberg (2006; dt. 2008, S. 62) vier Teilaspekte der Gegenübertragung:
1. die Reaktion des Therapeuten auf die neurotische Übertragung des Patienten;
2. die Reaktion des Therapeuten auf die Realität des Patienten;
3. die eigene neurotische Übertragung des Therapeuten auf den Patienten;
4. die Realität des Therapeuten.

Der erste Aspekt beinhaltet die »klassische« Gegenübertragung, wobei zu berücksichtigen ist, dass nicht alles, was der Patient in die Beziehung mit dem Therapeuten einbringt, ausschließlich oder überwiegend eine Wiederholung früher Beziehungserfahrungen darstellt. Wenn beispielsweise eine Patientin völlig zerstört und verzweifelt in die Sitzung kommt und unter Tränen berichtet, dass ihr sechsjähriges Kind im Koma liegt, nachdem es vom Auto angefahren worden ist, und der Therapeut daraufhin den Impuls verspürt, die Patientin zu trösten, so kann dies primär eine Reaktion auf die äußere Realität der Patientin und weniger auf ihre Reinszenierung früherer Beziehungserfahrungen sein. Die Reaktion des Therapeuten oder der Therapeutin wird dementsprechend weniger aus einer Übertragungsdeutung als vielmehr einer Anteilnahme bestehen – freilich innerhalb der Grenzen des jeweiligen therapeutischen Settings.

Um den dritten Anteil, die eigenen Übertragungsbereitschaften, kennen und von den Reaktionen auf die Übertragung des Patienten abgrenzen zu lernen, absolvieren Therapeutinnen und Therapeuten aller Schulen Selbsterfahrungen bzw. Lehranalysen. Und schließlich gibt es auch in der Reaktion des Therapeuten auf den Patienten Aspekte, die aus seiner eigenen Realität stammen: Wenn er beispielsweise in der Sitzung müde wird, kann dies zwar einerseits eine Reaktion auf die Abwehr wesentlicher (affektiver) Inhalte beim Patienten sein, es kann aber auch auf ein reales Schlafdefizit des Therapeuten zurückzuführen sein.

Ganz im Sinne Heimanns (1950) und Sandlers (1976) nutzt die TFP die Gegenübertragung für das Verständnis der inneren Welt des Patienten, seiner frühen Beziehungserfahrungen und deren Reinszenierung im aktuellen interpersonellen Kontext. Die Grundidee der TFP besteht darin, dass die Beobachtung und Deutung der Rollenzuschreibungen und Identifizierungen im Rahmen der Übertragungsprozesse dem Patienten dazu verhilft, die gespaltenen und fragmentierten Selbst- und Objektanteile in seiner inneren Welt zu integrieren, und dass dadurch eine Reifung der Persönlichkeit ermöglicht wird. Es reicht jedoch nicht aus, auf einer kognitiven Ebene Zusammenhänge zu verstehen und zu deuten – vielmehr muss eine tiefer gehende, überwiegend unbewusste und emotionale Beziehungserfahrung stattfinden, damit das Verstehen zur Veränderung führt. Diese Prozesse hat Bion in seinem Modell vom Container beschrieben, die im Mittelpunkt des nächsten Kapitels stehen.

4.3 Containment und Beziehungserfahrung

Wilfred Bion (1970) geht in seinem Container-Modell davon aus, dass schon in der frühen Mutter-Kind-Interaktion die Mutter vom Kind genutzt wird, um schwer aushaltbare innere Selbstaspekte in sich aufzunehmen. Versteht die Mutter, was im Kind vor sich geht, kann sie ihm signalisieren, dass sie die Botschaft empfangen hat und dass sie das Projizierte aushalten kann. Das entsprechende Signal muss eine spezifische Qualität haben, die dem Kind das Verstehen vermittelt.

Ein zwanzig Monate altes Kind möchte eine bunte Glasvase aus dem Regal haben, kann sie aber nicht erreichen. Es sagt zu Mutter: »Mama, haben!«, und streckt die Händchen nach der Vase aus. Die Mutter sagt: »Nein, die darfst du nicht haben.« Das Kind mit etwas mehr Nachdruck: »Doch, Mama, haben!« Die Szene schaukelt sich hoch, bis das Kind voller Wut zu schreien und zu weinen beginnt und mit der Hand nach der Mutter schlägt. Dazu ruft es: »Doofe Mama!« Die Mutter bleibt beim Kind und schaut es ernst, aber liebevoll an. Sie sagt: »Du bist so wütend auf die Mama, weil sie dir die Vase nicht gibt.« Das Kind hält kurz inne, schreit dann etwas weniger laut und weint. Die Mutter wiederholt: »So sauer bist du auf die Mama.« Daraufhin lässt sich das Kind von der Mutter auf den Schoß nehmen und streicheln, woraufhin es sich langsam beruhigt.

Diese ganz alltägliche Situation, die von einer psychisch stabilen Mutter intuitiv gelöst wird, enthält das, was Bion als Container-Funktion beschrieben hat und was in der TFP einen zentralen Stellenwert einnimmt. Das Kind ist so voller Wut, dass es die Mutter im Moment hasst und zerstören möchte. Wie von Melanie Klein für die von ihr sogenannte paranoid-schizoide Position beschrieben (Klein, 1946), fühlt es sich durch die eigene Wut auf die Mutter bedroht, weil es möglicherweise die Mutter zerstören könnte, von der es doch existenziell abhängig ist. Um sich zu entlasten, verlagert das Kind per projektiver Identifikation den destruktiven Anteil in die Mutter, muss nun aber fürchten, dass die Mutter es in destruktiver Weise für sein Verhalten bestraft. Um das Kind aus dieser Zwangslage zu befreien, signalisiert die Mutter dem Kind aus dem Beispiel, dass sie seine Wut wahrnimmt (verbale Mitteilung) und dass sie nicht mit Wut und Zerstörung reagiert (nonverbale Mitteilung). Voraussetzung für diese affektiv authentische Kommunikation ist, dass sie die Wut des Kindes spürt, versteht und ertragen kann. Darin besteht ihre Container-Funktion: Sie nimmt die Wut des Kindes verstehend auf, kann sie von etwas Destruktivem in etwas Fassbares, Erträgliches umwandeln. Sie kann dem Kind zu verstehen geben, dass seine Aggression nichts zerstört, dass ihre Liebe dennoch erhalten bleibt.

Voraussetzung für das Gelingen eines solchen Prozesses ist, dass die Mutter die emotionalen Signale des Kindes verstehen kann und sich dadurch nicht bedroht fühlt. Würde sie sich ängstigen, dass das Kind sie beispielsweise nicht liebt oder dass es einen antisozialen Kern in sich tragen könnte, würde sie beispielsweise sagen: »So benimmt man sich nicht! Man schimpft die Mama nicht!«, oder sie würde versuchen, das Kind sofort in den Arm zu nehmen, und dazu sagen: »Alles ist gut, Mama hat dich lieb.« In beiden Fällen würde sie die emotionale Botschaft des Kindes zurückweisen, das Kind bliebe unverstanden, verunsichert, in der Annahme, dass es etwas Verkehrtes fühle oder tue.

Nach genau dem gleichen Muster agiert der TFP-Therapeut, der im Sinne Sandlers (1976) das Beziehungsangebot des Patienten oder der Patientin annimmt, in seiner eigenen inneren Welt die dazugehörigen Affekte und Fantasien entstehen lässt und dann sein emotionales und kognitives Verstehen mitteilt.

Eine 19-jährige Borderline-Patientin ist als Kind mehrfach Opfer schweren sexuellen Missbrauchs geworden; später hat sie begonnen, als Prostituierte zu arbeiten, und ist wiederholt Opfer von (sexueller)

Gewalt durch Freier und Zuhälter geworden. Die sehr attraktive junge Frau kommt in einem kurzen und stark dekolletierten Sommerkleid in die Stunde. Der männliche Therapeut entwickelt plötzlich die intensive Fantasie, er könnte in der Stunde in seinem Behandlungszimmer mit der Patientin Sex haben. Ihm ist bewusst, dass dies einen erneuten sexuellen Missbrauch der Patientin darstellen würde, und er hat den Impuls, die quälende Fantasie von sich zu schieben und unterstützend und verständnisvoll der Patientin weiter zuzuhören. Er zwingt sich dennoch, sich innerlich weiter mit seiner Fantasie zu beschäftigen; er stellt sich die lustvolle Erregung vor, die er beim Geschlechtsverkehr mit der Patientin erleben würde, die Befangenheit unmittelbar danach, aufkeimende Angst vor entweder psychotischer oder suizidaler Dekompensation der Patientin und ein Bekanntwerden des Übergriffs mit Verlust seiner Position und Strafverfolgung.

Das Containment bei schwer gestörten Patientinnen und Patienten mit entsprechend destruktiven Beziehungserfahrungen, die sie in die Übertragungsbeziehung einbringen, stellt oft hohe Anforderungen an den Therapeuten, da es ihm abverlangt, sich mit destruktiven oder perversen projizierten Anteilen zu identifizieren. Die Versuchung, diesem Erleben auszuweichen, ist groß, bedeutet aber zugleich, das Beziehungsangebot der Patientin zurückzuweisen. Würde der Therapeut seine Gegenübertragung abwehren und mit der Patientin über oberflächlicheres Material sprechen, wäre die Chance vertan, die innere Welt der Patientin mit ihrem verhängnisvollen Wiederholungszwang zu verstehen und zu bearbeiten. Ebenso groß ist die Gefahr, in ein Agieren zu geraten, das in diesem Fall entweder eine Zurückweisung oder eine Verführung darstellen könnte. Der Therapeut, der die Gegenübertragung abwehrt, wird freundlich und nett bleiben und die verführerische Ausstrahlung der Patientin ignorieren. Der agierende Therapeut wird entweder sagen:

Na, heute sind Sie aber recht freizügig gekleidet.
(vorwurfsvoll-entwertender Tonfall)

Oder er wird sagen:

Heute schauen Sie aber wirklich sexy aus, Frau ...
(süffisant-erotisierender Tonfall)

Beide Varianten wären eine Wiederholung früherer Erfahrungen von Entwertung oder Verführung, die retraumatisieren und eine verstehende Bearbeitung des Geschehens verunmöglichen würden.

Ein gelingendes Containment würde das Verhalten der Patientin unter Nutzung der Gegenübertragungsreaktion des Therapeuten als einen unbewussten Versuch verstehen, frühere Beziehungserfahrungen zu wiederholen. Aus der inneren Sicherheit heraus, dass dies real mit dem Therapeuten nicht geschehen wird, und aus dem Verstehen heraus, dass hier enorm destruktive Kräfte ein Missbrauchsgeschehen realisieren wollen, das sowohl das Leben der Patientin als auch das des Therapeuten zerstören könnte, würde er zum Beispiel wie folgt intervenieren:

Sie zeigen mir heute viel von Ihrem Körper.
(ernsthaft-sachlicher Tonfall)

Er würde damit der Patientin signalisieren, dass ihre Botschaft angekommen ist, dass er verstanden hat, dass ihm die Rolle des missbrauchenden Objektes zugeschrieben wird. Zugleich würde er nonverbal mitteilen, dass er seine neutrale Haltung als Therapeut nicht aufgibt, dass es weder zu Zurückweisung noch zu Verführung kommen wird.

Im weiteren Verlauf würde das Thema in der einen oder anderen Weise behandelt werden können, sei es, dass die Patientin Schuld oder Scham erlebt, dass sie aggressiv-entwertend reagiert oder dass sie versucht, den Therapeuten aktiv zu verführen. Der Therapeut würde aus dem Wissen um das Geschehen und seiner inneren (Gegenübertragungs-)Erfahrung heraus versuchen, mit der Patientin ein Verstehen zu entwickeln. Dabei würden dann die TFP-Techniken Klärung, Konfrontation und Deutung zum Einsatz kommen, die in den nächsten Abschnitten beschrieben werden.

5 Behandlungstechnik

5.1 Behandlungsvertrag

Vor Behandlungsbeginn wird in der TFP mit dem Patienten ein Behandlungsvertrag vereinbart, der dazu dient, den Rahmen der Behandlung zu sichern. Das schwere Agieren der Borderline-Patienten und -Patientinnen erschwert das freie Assoziieren oft sehr stark – der Vertrag soll hier eine Hilfe sein, um einen Raum zu schaffen, in dem das freie Assoziieren so ungestört wie möglich stattfinden kann.

In diesen Vertrag, der üblicherweise nur mündlich vereinbart wird, fließen alle potenziellen Bedrohungen für die Behandlung und das Überleben des Patienten ein. Die Informationen dazu entstammen der gründlichen Anamneseerhebung, insbesondere der Exploration des Scheiterns der (meist vorhandenen) Vorbehandlungen.

Der Vertrag umfasst einen allgemeinen Teil, der bei jedem Patienten vereinbart wird, und einen individuellen Teil, der die spezifischen Gefährdungen der Therapie bei dem jeweiligen Patienten beinhaltet.

Der allgemeine Teil sieht auf der Seite des Patienten vor, dass er zweimal wöchentlich pünktlich zu den vereinbarten Sitzungen erscheint und diese nach den vereinbarten 50 (oder 45) Minuten auch wieder verlässt, dass die vereinbarten Rechnungen (ggf. auch Ausfallhonorare) pünktlich bezahlt werden (dies nur dort, wo keine Vollfinanzierung durch die Krankenkasse erfolgt) und dass der Patient sich verpflichtet, aktiv an der Therapie mitzuarbeiten. Letzteres bedeutet zum einen die Bereitschaft zur freien Assoziation, das heißt, ohne Zensur alles mitzuteilen, was dem Patienten gerade durch den Kopf geht, und zum anderen, die Kommentare und Deutungen des Therapeuten ernsthaft aufzugreifen und zu reflektieren. Der Therapeut verpflichtet sich, regelmäßig die Sitzungen abzuhalten, sich zu bemühen, den Patienten zu verstehen und ihm sein Verständnis zu vermitteln, sowie dem Patienten die Grenzen seiner Verfügbarkeit verständlich zu machen.

Der individuelle Teil des Therapievertrags beinhaltet die aus der Anamneseerhebung deutlich gewordenen spezifischen Gefährdungen der Behandlung (nach Yeomans, Clarkin u. Kernberg, 2015, dt. 2016):

a) suizidales oder schweres selbstverletzendes Verhalten;
b) fremdschädigendes Verhalten, Mordimpulse gegenüber dem Therapeuten oder anderen Personen;
c) Lügen oder Zurückhalten von Informationen;
d) Substanzabhängigkeit oder relevanter Substanzmissbrauch;
e) ausgeprägte Essstörungen;
f) weniger schwer ausgeprägtes selbstverletzendes Verhalten;
g) Nichterscheinen zu den Sitzungen;
h) Eindringen in das Leben des Therapeuten inklusive exzessiver Telefonanrufe;
i) Nichtbezahlen der Rechnungen bzw. Herstellen von Umständen, die das Bezahlen unmöglich machen;
j) Herstellen von Umständen außerhalb der Therapie, die die Fortsetzung der Behandlung verunmöglichen;
k) Aufrechterhalten eines passiven Lebensstils und sekundärer Krankheitsgewinn.

Der Patientin oder dem Patienten sollte offen erklärt werden, welche Funktion der Vertrag hat:

Aus dem, was wir in den letzten Stunden besprochen haben, habe ich einige Voraussetzungen für eine TFP-Behandlung formuliert. Diese sollen helfen, einen sicheren Rahmen zu schaffen, innerhalb dessen die Behandlung so stattfinden kann, dass sie für Sie auch wirklich hilfreich ist. Dazu gehört zum Beispiel, dass Sie es schaffen – anders als in Ihrer letzten Psychotherapie –, regelmäßig zu den Stunden zu kommen. Wenn jede zweite Stunde ausfällt, kann Ihnen diese Therapieform nicht helfen, und es wäre sinnvoller, wenn Sie eine andere Form der Behandlung in Anspruch nehmen würden. Meinen Sie, dass Sie dies schaffen können?

Besonderes Augenmerk wird bei den Vertragsvereinbarungen auf Suizidalität und selbstverletzendes Verhalten gelegt. Dabei wird deutlich gemacht, dass der Patient zwischen den Sitzungen die Verantwortung für sein Leben selbst übernehmen muss, da der Therapeut dies in einer ambulanten Therapie nicht leisten kann. Für den Fall, dass der Patient ein starkes Bedürfnis hat, sich selbst zu verletzen oder einen Suizidversuch zu unternehmen, wird im Detail vereinbart, welche Schritte er zu tun hat. Er soll dabei nicht den Therapeuten anrufen, sondern unverzüglich psychiatrische Hilfe bei dem dafür vorgesehenen Facharzt oder in der dafür bestimmten psychiatrischen Klinikambulanz suchen. Kann er dies nicht tun, da die Selbstverletzung bzw. der Suizidversuch schon stattgefunden haben, soll er den Notarzt verständigen, um schnellstmöglich eine medizinische Versorgung zu erhalten.

Ein entsprechender Notfallplan mit Ansprechpartnern, Adressen und Telefonnummern wird im Rahmen des Vertrags sehr detailliert festgelegt. Zwischen den Sitzungen sollen keine telefonischen, SMS- oder E-Mail-Kontakte stattfinden, da dies die Therapie unterläuft, indem wichtige Inhalte aus den Sitzungen »ausgelagert« werden und zudem der Therapeut oder die Therapeutin gezwungen ist, mehr und mehr Zeit außerhalb der Sitzungen zu investieren. Stattdessen ist es explizit die Aufgabe des Patienten, seine Probleme, Gefühle und Gedanken in die zwei wöchentlichen Sitzungen einzubringen.

Als Grundregel für die Vertragsvereinbarungen orientiert sich der TFP-Therapeut an der Frage, ob ein bestimmtes Verhalten mit der erfolgreichen Durchführung der Therapie vereinbar ist oder nicht. Demzufolge würde nicht absolute Abstinenz von Alkohol- oder Drogenkonsum vorausgesetzt, sondern erwartet, dass der Patient zum einen in wachem und aufmerksamem Zustand in die Sitzungen kommt, und zum anderen, dass er zwischen den Sitzungen in einem Zustand ist, in dem er das neu erworbene Wissen und Verstehen auch in seiner Lebensrealität umsetzen kann. Besonderes Augenmerk wird in der TFP auf eine chronisch passive Lebensweise gelegt: Patientinnen und Patienten können in den Sitzungen scheinbar sehr motiviert arbeiten, zu Hause aber vor dem Computer oder Fernseher verharren, Sozialkontakte vermeiden und sich nicht um eine sinnvolle berufliche Tätigkeit bemühen. Da bei einer solchen Haltung substanzielle Veränderungen im Leben des Patienten verhindert werden, wird nicht selten vereinbart, dass der Patient sich um eine Arbeitsstelle oder einen Ausbildungsplatz bemühen muss. Falls dieses Bemühen zum Beispiel innerhalb von sechs Monaten erfolglos bleibt, wäre zu diskutieren, ob eine Fortsetzung der Behandlung sinnvoll ist oder ob der Wechsel in ein mehr supportives Setting anzustreben ist.

Aus dem Gesagten wird deutlich, dass die TFP viel Eigenverantwortung vom Patienten verlangt, was gelegentlich als Überforderung angesehen wird. Die Erfahrung hat gezeigt, dass viele Borderline-Patientinnen und -Patienten eine überraschende Eigenständigkeit und Verantwortung entwickeln, da ihnen das strukturierte Setting dies ermöglicht. Umgekehrt wäre zu fragen, ob ein zu supportives Setting, dass dem Patienten wenig abverlangt, da er es ja »nicht kann«, nicht schon eine Kollusion des Therapeuten mit dem Anteil des Patienten bedeutet, der Veränderung verhindern will.

Bei den Vertragsvereinbarungen wird darauf geachtet, dass der Patient ein wirklich glaubwürdiges Commitment macht, erst dann kann die Behandlung beginnen. Eine gewisse Gefahr besteht darin, schon vor Ende der Diagnostik- und Vertragsvereinbarungsphase in die Therapie »hineinzugleiten«, was dann die Vertragsvereinbarungen sehr erschweren kann. Daher empfiehlt es sich, von Beginn an darauf hinzuweisen, dass es sich zunächst um eine Diagnostikphase handelt bzw. es darum geht, herauszufinden, welche Behandlungsform die für den Patienten oder die Patientin geeignete ist, und dass erst danach die eigentliche Therapie beginnen wird, falls sich beide Beteiligten auf die Bedingungen verständigen konnten.

Sowohl bei der Verhandlung des Vertrags als auch später, falls Vertragsverletzungen diskutiert werden müssen, tritt der Therapeut nicht autoritär und strafend auf, sondern macht deutlich, dass die Therapie nicht sinnvoll und wirksam stattfinden kann, wenn bestimmte Bedingungen nicht geschaffen werden können.

Immer wenn im Laufe der Therapie der Vertrag vom Patienten verletzt wird, verlässt der Therapeut die Haltung der technischen Neutralität, um den Therapierahmen wieder herzustellen. Dabei nimmt er eine klar direktive Position ein, die anschließend aus einer Haltung der technischen Neutralität reflektiert und bearbeitet werden muss.

T: Sie sind nun dreimal hintereinander zu den Sitzungen nicht erschienen und haben diese auch nicht abgesagt. Bevor wir über etwas anderes sprechen, müssen wir dieses Problem lösen: Wenn Sie zu den Stunden nicht wie vereinbart kommen, dann kann Ihnen die Behandlung nicht helfen, und es ist nicht sinnvoll, unter diesen Umständen mit der Therapie fortzufahren. Wie stehen Sie dazu?

[...]

T: Nun, nachdem Sie sich entscheiden konnten, wieder regelmäßig zu den Sitzungen zu erscheinen, sollten wir versuchen, zu verstehen, was dazu geführt hat, dass Sie nicht gekommen sind.

In der Regel gelingt es recht gut, mit diesem Vorgehen die Therapie zu schützen und den Rahmen zu sichern. Dennoch kommt es vor, dass TFP-Behandlungen vom Therapeuten abgebrochen werden, wenn der Patient nicht in der Lage ist, den Therapievertrag einzuhalten. Dieser Schritt wird dann vollzogen, wenn es aus Sicht des Therapeuten nicht mehr wahrscheinlich ist, dass der Patient die notwendigen Bedingungen einhält.

Am Ende der Vertragsverhandlung wird eine deutliche Zäsur gesetzt und explizit mit der Therapie begonnen. Die Therapeutin oder der Therapeut nimmt eine weniger explorative und nichtdirektive Haltung technischer Neutralität ein und verwendet nun die Techniken der TFP, die im kommenden Abschnitt dargestellt werden.

5.2 Strategie, Taktik und Technik

Die Behandlungstechnik der TFP ist immer vor dem Hintergrund der oben beschriebenen Haltung von technischer Neutralität und Containment zu verstehen – nur dann können die im Folgenden beschriebenen Interventionen ihre Wirkung entfalten. Die TFP zielt – wie eingangs bereits erwähnt – auf die Integration von gespaltenen und fragmentierten Selbst- und Objektanteilen und damit auf eine Identitätsreifung ab. Die bereits diskutierte Grundannahme ist die, dass diese Selbst- und Objektanteile im Rahmen des Übertragungsgeschehens reaktiviert und beobachtbar werden. Aufgabe des Therapeuten ist es nun, die Übertragungsprozesse mithilfe seiner Gegenübertragung und seines Containments zu verstehen und dem Patienten dieses Verstehen zu vermitteln.

Die zentrale Technik der TFP ist die *Deutung*. Allgemein gesprochen ist eine Deutung eine verbale Intervention, die dem Patienten bis dahin unbewusste Zusammenhänge zwischen Aspekten seiner verschiedenen inneren Erfahrungen und Motive, seiner Biografie und seinem sozialem Umfeld, seinem Verhalten und seiner Symptomatik aufzeigt. Verschiedentlich wurde argumentiert, dass Borderline-Patienten und -Patientinnen nicht in der Lage seien, Deutungen konstruktiv zu nutzen. Bolm (2009) nimmt beispielsweise an, dass Borderline-Betroffene Deutungen »als völlig unverständlich, überfordernd oder gar feindlich« erleben oder alternativ dazu sich »lediglich intellektuell mit dem theoretischen Gehalt beschäftigen, ohne affektiven oder Handlungsbezug« (S. 53). Die TFP vertritt hier eine grundsätzlich andere Position, indem sie davon ausgeht, dass Deutungen dann, wenn sie (a) aus einer Haltung der technischen Neutralität heraus erfolgen, wenn (b) ein Containment durch den Therapeuten stattfindet und (c) der dominante Affekt im Hier und Jetzt aktiviert ist, die wirksamste Intervention darstellen. Darüber hinaus müssen der Zeitpunkt und die Tiefe der Deutung richtig gewählt sein, damit sie den Patienten erreichen können und eine Erfahrung sowie ein Verstehen auslösen. Primär fokussiert die Deutung in der TFP auf die Übertragungsbeziehung, die Zusammenhänge zum biografischen Dort-und-Damals werden erst in späteren Therapiephasen hergestellt.

Die Deutung ist eingebettet in übergeordnete Taktiken und Strategien der TFP, die Inhalt, Zeitpunkt und Tiefe der Deutung determinieren. Taktisch ist es beispielsweise immer vorrangig, Bedrohungen der Therapie und Störungen der Übertragungsarbeit deutend zu bearbeiten, bis der Therapierahmen vor dem Agieren der Patientin oder des Patienten wieder ausreichend gesichert ist (siehe Kapitel 5.2.2). Die Gesamtstrategie der TFP (siehe Kapitel 5.2.1) beschreibt einen evolutionären Prozess, innerhalb dessen die Komplexität und Tiefe der Deutungen kontinuierlich zunimmt. Werden am Anfang einzelne Teilaspekte des Erlebens des Patienten in der Übertragungsbeziehung benannt und zueinander in Beziehung gesetzt, so werden im Verlauf zunehmend Rollenwechsel und Rollenumkehr (siehe unten) in der Übertragungsbeziehung thematisiert, bis in späteren Therapiephasen sich gegenseitig abwehrende Dyaden in der Übertragung gedeutet werden und schließlich auch Zusammenhänge zu biografisch frühen Beziehungserfahrungen hergestellt werden.

Im Folgenden werden zunächst die übergeordneten Strategien der TFP dargestellt und danach das taktische Vorgehen, das vor allem dazu dient, den Therapierahmen zu sichern und freies Assoziieren des Patienten zu ermöglichen. Abschließend wird auf die technischen Interventionsformen der TFP, Klärung, Konfrontation und Deutung, eingegangen.

5.2.1 Strategie

Die Behandlungsstrategie über den gesamten Therapieverlauf hinweg ist es, die in der Übertragung aktivierten Teilobjektbeziehungsdyaden zu identifizieren, zu benennen und mit dem Patienten zu bearbeiten. Vor allem in frühen Behandlungsphasen kommt es typischerweise zu einem schnellen Wechsel der aktivierten Übertragungsbeziehungen (»Rollenwechsel«) sowie zu überraschenden Wechseln der Rollenverteilung innerhalb derselben Dyade (»Rollenumkehr«). In frühen

Phasen der Therapie ist es oft nicht möglich, sofort die in der Übertragung aktivierte Dyade zu erkennen. Die Aufgabe des Therapeuten ist es dann, das Chaos und das Nichtverstehen auszuhalten und zu containen. Mit der Zeit werden Muster erkennbar und es gelingt der Therapeutin oder dem Therapeuten, eine Teilobjektbeziehungsdyade mit dem dazugehörigen vorherrschenden Affekt zu identifizieren. In einem mehrschrittigen Deutungsprozess wird das dyadische Übertragungsgeschehen mit dem einhergehenden Affekt vom Therapeuten benannt. Falls der Therapeut mit seiner Deutung das Geschehen richtig erfasst hat, wird der Patient in der Regel mit einem verstärkten Affekt, mit einer Rollenumkehr oder aber auch mit Entlastung reagieren. Diese Veränderungen müssen vom Therapeuten aufmerksam beobachtet werden, da sie die Hypothesen des Therapeuten validieren und weitere Interventionen ermöglichen können.

Die Patientin kommt zwanzig Minuten zu spät zur Therapiesitzung.
P: Herr Doktor, ich kann nicht mehr, es geht mir miserabel ... Ich weiß nicht, wie es weitergehen soll ... Ich bin völlig verzweifelt ... (weint) ... Heute brauche ich eine Doppelstunde.

Der Therapeut spürt in sich einen unmittelbaren und heftigen Ärger, da die Patientin zu spät kommt und eine Doppelstunde verlangt. Er ist sich sofort sicher, dass er die heutige Sitzung pünktlich beenden und keine Doppelstunde anbieten wird.

T: Ich sehe, dass Sie heute verzweifelt sind. Aber Sie werden sich erinnern, dass wir vereinbart haben, dass Sie pünktlich in die Stunde kommen und wir auch pünktlich schließen. Das müssen wir auch heute so machen. Ich schlage vor, dass wir die verbleibende Zeit nutzen, um herauszufinden, warum Sie heute zu spät gekommen sind und was hinter Ihrem Wunsch nach einer Doppelstunde steckt.
P: Was? Das können Sie mir doch nicht antun! Sehen Sie nicht, wie schlecht es mir geht? Sie müssen mir heute helfen! Sie dürfen mich nicht im Stich lassen. Heute brauche ich Sie!

In seiner Gegenübertragung fühlt sich der Therapeut distanziert, kühl, erlebt die Patientin als unangenehm fordernd.

T: Sie erleben mich als jemanden, der sich nicht um Sie kümmert, Sie zurückweist, obwohl es Ihnen schlecht geht und Sie so dringend Unterstützung bräuchten.
P: Ja, genau! Wie können Sie nur so kalt sein! Sie müssen mir doch helfen!

Der Therapeut benennt die Rollen und den bei der Patientin dominanten Affekt unter Zuhilfenahme seiner Gegenübertragung. Dies verstärkt zunächst die Intensität des Affektes der Patientin und ihr Agieren. Dies signalisiert dem Therapeuten, dass er das Erleben der Patientin richtig erfasst hat. Kurze Zeit später verändert sich plötzlich das Verhalten der Patientin:

Die Patientin springt vom Stuhl auf und geht im Zimmer herum, wobei sie den Therapeuten anschreit.

P: Sie sind ja wirklich das Allerletzte! Und Ihnen habe ich vertraut! Sie sind auch nicht besser als alle diese Idioten von Psychiatern! Ich werde Sie anzeigen bei der Ärztekammer wegen unethischem Verhalten! So etwas wie Sie dürfte eigentlich gar nicht arbeiten!

Der Therapeut fühlt sich plötzlich hilflos und fast starr vor Schreck, denkt an die Therapien der Kollegen in den Nachbarzimmern, weiß sich nicht zu helfen. Nach kurzer Zeit besinnt er sich auf das Therapiemanual und entscheidet sich, das Agieren der Patientin zu beschränken. Plötzlich erlebt er sich nicht mehr als schwach und hilflos ausgeliefert, sondern verspürt eine nahezu sadistische Lust bei der Vorstellung, die Patientin zur Not vom Sicherheitsdienst entfernen zu lassen.

T: Bitte setzen Sie sich wieder hin und hören auf zu schreien. Andernfalls beende ich die Sitzung sofort.

Die Patientin fällt in ihrem Stuhl zusammen und weint bewegungslos.

Es stand nun plötzlich eine andere Dyade im Raum, bei der zunächst die Patientin ein sadistischer Aggressor war und sich der Therapeut in der Rolle des hilflos ausgelieferten Kindes befand. Kurz darauf kam es dann zu einer Rollenumkehr, woraufhin der Therapeut die Rolle des Aggressors einnahm und die Patientin zum hilflosen Kind wurde. Nachdem der Therapeut kurz die technische Neutralität aufgegeben hatte, um das Agieren der Patientin zu begrenzen, beginnt er nun, in einem erneuten Deutungsprozess das Geschehen zu bearbeiten.

Die Patientin schweigt. Der Therapeut erlebt sie als verängstigt, spürt in sich immer noch den Impuls, sie zu kontrollieren und zu unterwerfen. Er kann sich jedoch davon innerlich distanzieren.

T: Sie wirken auf mich, als hätten Sie große Angst vor mir, vor meiner Reaktion.
P (flüstert kaum verständlich): Ja ...
T: Ich habe den Eindruck, dass Sie jetzt hilflos und schwach wie ein kleines Kind vor mir sitzen. Möglicherweise haben Sie mich, als ich Ihnen Grenzen gesetzt habe, wie einen autoritären, ja fast gewalttätigen Mann erlebt, dem Sie ausgeliefert sind.
P: Ich glaube, Sie machen mich jetzt fertig, dann darf ich nie wieder kommen ...
T: Als so erbarmungslos erleben Sie mich.

Die Patientin schweigt.

T: Da haben wir gerade eben in kürzester Zeit zwei ganz verschiedene Situationen erlebt. Zuerst kam es mir so vor, als wollten Sie mich zerstören – Sie haben mich beschimpft und gedroht, mich anzuzeigen. Und dann plötzlich hatten Sie den Eindruck, ich wolle Sie zerstören. Es ist fast so, als hätten wir die Rollen getauscht.

Die Patientin sieht auf.

P: Ja, das stimmt.
T: Ich frage mich, ob nicht beides Teile Ihrer Persönlichkeit sind: der Ängstliche, der sich anderen hilflos ausgeliefert fühlt, und der Aggressive, der andere vernichten möchte.
P: Das kenne ich beides. Die panische Angst und den Hass. Das kann bei mir ganz schnell wechseln. Vorhin hätte ich auf Sie einschlagen können – und dann hatte ich plötzlich Angst, Sie könnten mich angreifen.

In dieser Therapiephase ist die Patientin noch weit davon entfernt, ihre inneren Anteile wirklich zu integrieren, aber sie erkennt, dass widersprüchliche Anteile zu ihr gehören, dass sie diese abwechselnd bei sich selbst und bei anderen verortet. Erst das wiederholte Durcharbeiten über einen längeren Zeitraum führt dann zu den ersten Anzeichen einer Integration. Nach eineinhalb Jahren konnte dieselbe Patientin sagen, nachdem sie den Therapeuten erneut heftig attackiert hatte:

P: Uuuups ... das war dann wohl wieder der Zerstörer in mir ... und eigentlich hatte ich erst so riesige Angst vor Ihnen, dass Sie mir wehtun wollen ...
T: Ja, das ist wieder dieses Paar – die hilflos Ausgelieferte und der Zerstörer – die kennen wir schon.

In dieser Therapiephase würde der Therapeut nun tiefer liegende Dyaden ansprechen, die möglicherweise von der genannten abgewehrt werden.

Die Patientin sieht den Therapeuten intensiv und fast sehnsüchtig an. In diesem Moment empfindet der Therapeut in seiner Gegenübertragung das intensive Bedürfnis, die Patientin zu unterstützen, zu versorgen, sich um sie zu kümmern, sie in den Arm zu nehmen.

T: Ich frage mich, ob sich hinter diesem Thema von Angst und Zerstörung nicht noch ein anderes verbirgt. Gerade hatte ich den Eindruck, dass ein Teil von Ihnen sich sehr wünscht, von mir verstanden, angenommen und versorgt zu sein.

P (voller Emphase): Oh ja, das wäre wunderbar!

T: Und möglicherweise müssen Sie sich vor diesem Teil in Ihnen schützen, weil Sie befürchten – nein: weil Sie davon ausgehen, dass ich Sie über kurz oder lang enttäuschen und verletzen werde.

P: So ist es in meinem Leben immer gewesen. Doch … es wäre so schön, wenn Sie mich adoptieren würden. Ich stelle mir das manchmal so vor, dass ich bei Ihnen zu Hause wohnen dürfte … Sie haben sicher ein großes Haus … und ich würde Ihren Kindern auch gar nichts wegnehmen – ich weiß ja nicht, ob Sie Kinder haben, aber ich nehm's einmal an … also, ich wäre eine ganz angenehme Mitbewohnerin.

In den späteren Therapiephasen findet mehr und mehr eine Integration der Identität statt. Die Patientin entwickelt Objektkonstanz und Ambivalenztoleranz.

P: Jetzt bin ich im Moment wieder so wütend auf Sie geworden, weil Sie auf die Uhr geschaut haben, obwohl die Stunde noch gar nicht zu Ende ist. Und dann musste ich gleichzeitig über mich schmunzeln, weil ich doch weiß, dass Sie es gut mit mir meinen und mich nicht einfach loswerden wollen. Aber, na ja, Sie haben so eine superkorrekte Seite – die geht mir manchmal schon auf die Nerven.

Diese Äußerung der Patientin zeigt klar die Züge einer integrierten Objektwahrnehmung, wie sie in Abbildung 1b (S. 16) dargestellt ist.

5.2.2 Taktik

Unter dem Begriff Taktik werden in der TFP strukturierende Elemente zusammengefasst, die die Therapeutin oder der Therapeut anwendet, um in der einzelnen Sitzung, wo nötig, Grenzen zu setzen und das

Thema zu bestimmen. Neben dem wichtigen Element des Behandlungsvertrags (siehe Kapitel 5.1) ist hier insbesondere die Priorisierung von Themen, die behandelt werden, von Bedeutung. Im Unterschied zu einem rein psychoanalytischen Vorgehen, wo dem Patienten allein die Entscheidung überlassen wird, welche Themen er anspricht, greift der TFP-Therapeut unter bestimmten Bedingungen ein, um dem Vermeiden relevanter Themen aktiv zu begegnen. Bei dieser Rangreihe der thematischen Prioritäten (siehe Tabelle 1) steht an oberster Stelle die Sicherung des Lebens des Patienten und der Therapie.

Die priorisierende Aktivität des Therapeuten in der TFP ist wichtig, da es bei Borderline-Patientinnen und -Patienten oft nicht gelingt, durch bloßes Deuten Anteile des Patienten zu kontrollieren, die versuchen, die Therapie zu sabotieren. Darüber hinaus muss der TFP-Therapeut die äußere Realität des Patienten im Blick behalten, um zu verhindern, dass dort Umstände geschaffen werden, die einem Therapieerfolg entgegenstehen.

Tabelle 1: Priorisierung der Themen in der einzelnen Sitzung (nach Yeomans, Clarkin u. Kernberg, 2015, dt. 2016)

---

1. Behinderungen der Übertragungsarbeit
   a) Suiziddrohungen oder Morddrohungen
   b) Drohender Therapieabbruch (z. B. Pläne, den Wohnort zu wechseln, Wunsch, die Frequenz der Therapiestunden zu reduzieren, finanzielle Probleme bei Selbstzahlern)
   c) Lügen oder Zurückhalten von Informationen (z. B. auch Weigerung, bestimmte Themen zu besprechen, lange Schweigeperioden)
   d) Nichterscheinen zu den Sitzungen
   e) Erscheinen zu den Sitzungen in intoxikiertem Zustand (z. B. betrunken)
   f) Vertragsverletzungen (z. B. Gewichtsabnahme unter einen vereinbarten Grenzwert, Beibehaltung einer passiven Lebensweise, Hochrisikoverhalten)
   g) Agieren in den Sitzungen (Beschädigung der Möbel im Behandlungszimmer, Schreien, Weigerung, das Behandlungszimmer am Ende der Stunde zu verlassen)

h) Agieren zwischen den Sitzungen (z. B. Eindringen in das Privatleben des Therapeuten)
  i) Trivialisierungen in den Sitzungen, Sprechen über belanglose Dinge
2. Direkte Übertragungsmanifestationen
  a) Verbale Bezugnahme auf den Therapeuten
  b) Nonverbale Bezugnahme auf den Therapeuten (»acting in«) (z. B. provokativ-verführerische Kleidung oder Körperhaltung)
  c) Indirekte Bezugnahme auf den Therapeuten (z. B. Sprechen über andere Ärzte)
3. Affektiv bedeutsames Material, das nicht auf den Therapeuten oder die Therapeutin bezogen ist

---

Immer dann, wenn eine Behinderung der Übertragungsarbeit vorliegt, wird die Therapeutin diese aktiv ansprechen, wobei sie zunächst bemüht ist, die Haltung der technischen Neutralität zu wahren und das Geschehen zu analysieren.

T: Moment, ich möchte Sie an der Stelle kurz unterbrechen. Sie haben eben angedeutet, dass Sie sich auf einen Job in Stuttgart beworben haben. Stimmt das?

P: Ja, das stimmt schon ...

T: Das bedeutet, dass die Therapie damit beendet wäre.

P: Ach, das wird sicher nichts werden mit dem Job, da brauchen wir gar nicht drüber zu reden.

T: Mir scheint das sehr wichtig zu sein. Da ist offenbar ein Teil in Ihnen aktiv, der versucht zu verhindern, dass Sie weiter die Therapie für sich nutzen.

P: Ach, das glaube ich nicht ... obwohl, ich hab in letzter Zeit schon öfter das Gefühl, dass es eigentlich nichts mehr bringt ... Sie können mir ja doch nicht helfen ...

T: Ich kann Ihnen nicht helfen?

P: Ja, Sie haben Ihr eigenes Leben, Sie haben viele andere Patienten ... in den zwei Stunden pro Woche – wie soll mir das etwas nützen?

Die Therapeutin spürt in sich einen Widerwillen, den sie auf das Gefühl zurückführen kann, dass die Patientin sie vereinnahmen möchte, ganz zu ihrem Leben gehören möchte.

T: Ich habe den Eindruck, dass Sie enttäuscht von mir sind, da ich nicht mehr Zeit und Aufmerksamkeit für Sie habe.
P: Na ja … irgendwie schon … ich denk mir halt, damit es mir wirklich besser geht, bräuchte ich viel mehr Unterstützung von Ihnen. Dass ich zum Beispiel auch mal anrufen darf, wenn es mir schlecht geht, oder mal extra kommen kann, wenn ich nicht mehr weiterweiß …

Die Therapeutin erkennt an der Reaktion der Patientin, dass sie die Übertragung richtig erkannt hatte: Die Patientin erlebt die Therapeutin als ein distanziertes, desinteressiertes und versagendes Elternteil und sich selbst als ein bedürftiges und im Stich gelassenes Kind. Sie vermutet, dass ihre Abwesenheit, die durch eine Kongressreise bedingt war, diese Dynamik ausgelöst hat.

T: Und anstatt mich um Sie zu kümmern, wenn Sie es brauchen, sage ich Ihnen in der letzten Woche beide Stunden ab.
P: Das war schlimm für mich! Es ging mir echt sauschlecht – und Sie waren nicht da.
T: Und da haben Sie die Bewerbung geschrieben.
P: Ja, ich hab mir gedacht, wenn Sie eh nicht da sind, wenn ich Sie brauche, dann kann ich auch gleich gehen.

Die Therapeutin spürt einen Vorwurf und die Wut der Patientin. Sie reagiert unwillkürlich mit einem Schuldgefühl und einem Zweifel an sich – ist sie nicht wirklich zu wenig fürsorglich, kümmert sie sich nicht wirklich zu wenig um die Patientin? Sie reflektiert ihre Gegenübertragung und erkennt eine neue Dyade, in der die Patientin nun ein strafendes Elternteil ist und sie selbst das ungenügende Kind.

T: Sie sind nicht nur enttäuscht, sondern auch wütend auf mich.
P: Ja, im Moment sogar ziemlich. Ich finde, dass Sie keine gute Therapeutin sind, wenn Sie dauernd weg sind!

Nachdem der Affekt »auf dem Tisch« ist, stellt die Therapeutin deutend den Zusammenhang zur Ausgangsthematik her und benennt dann die Dyade.

T: Möglicherweise ist Ihre Bewerbung nach Stuttgart auch eine Art Bestrafung für mich: Sie lassen mich wissen, dass ich eine ungenügende Therapeutin bin, die ihre Patienten im Stich lässt. Eigentlich ist die Behandlung – bin ich es – nicht wert, dass Sie dafür in der Stadt bleiben.
P: Hm ... ja, irgendwie haben Sie da recht ... der Gedanke, einfach zu gehen, Ihnen so zu zeigen, dass Sie keine gute Therapeutin sind ... den habe ich letzte Woche schon genossen – ich war echt so wütend auf Sie.
T: Und in dieser Wut wären Sie sogar bereit, die Therapie abzubrechen, von der Sie in der vorletzten Woche selbst gesagt haben, dass sie lebensrettend für Sie sei.
P: Ja, irgendwie pervers ... das stimmt. Na ja, ich würde ja eh nicht nach Stuttgart gehen ... aber ich wollte Sie das mal spüren lassen.

In diesem Beispiel ist es gelungen, die Bedrohung der Therapie deutend zu bearbeiten. Falls dies nicht funktionieren sollte, würde die Therapeutin die Haltung der technischen Neutralität aufgeben, um den Fortbestand der Therapie zu sichern.

T: Moment, ich möchte Sie an der Stelle kurz unterbrechen. Sie haben eben angedeutet, dass Sie sich auf einen Job in Stuttgart beworben haben. Stimmt das?
P (in vorwurfsvollem Ton): Ja, das stimmt!
T: Das bedeutet, dass die Therapie damit beendet wäre.

P: Na und? Die bringt eh nichts mehr!

T: Ich habe den Eindruck, dass Sie wütend und enttäuscht von mir sind.

P: Das kann man wohl sagen. Sie sind nie für mich da, wenn ich Sie brauche. Deshalb schaue ich jetzt selbst auf mich – und wenn ich einen besseren Job in Stuttgart bekommen kann, dann werde ich den selbstverständlich annehmen.

T: Ich frage mich, ob Ihre Wut damit zu tun haben könnte, dass ich in der letzten Woche nicht da war.

P: Nun hören Sie schon auf! Nehmen Sie sich mal nicht so wichtig! Ich komme schon ganz gut ohne Sie zurecht!

T: So groß ist Ihre Wut auf mich, dass Sie bereit sind, das zu zerstören, was Sie noch vor Kurzem als lebensrettend beschrieben haben – Ihre Therapie nämlich.

P: So ein Quatsch das alles. Eigentlich könnte ich auch gleich gehen.

An dieser Stelle spürt die Therapeutin, dass sie aus der Haltung der technischen Neutralität heraus die Patientin nicht mehr erreichen kann. Sie entscheidet sich daher für ein direktives Vorgehen, um den Therapierahmen zu sichern.

T: Ich bin sehr besorgt, dass der Teil in Ihnen, der aus der Enttäuschung über mich heraus die Therapie zerstören will, in Ihnen die Oberhand gewinnen könnte. Ich bin überzeugt davon, dass wir dies nicht zulassen sollten, da die Therapie das Einzige ist, was Ihnen helfen kann, Ihre Probleme in den Griff zu bekommen. Ich denke, Sie sollten keinesfalls jetzt nach Stuttgart gehen und die Therapie abbrechen.

P: Was sagen Sie?!

T: Mir ist das sehr ernst: Ich möchte verhindern, dass der destruktive Teil in Ihnen die Therapie und damit den konstruktiven Teil in Ihnen vernichtet.

Die Patientin schweigt.

T: Im Moment halte ich es für das Wichtigste, dass Sie sich wieder für die Therapie entscheiden können und dass wir verstehen können, was Sie in solche selbstzerstörerische Wut versetzt hat.

P: Also, ich bin immer noch echt sauer auf Sie ... aber gut, ich komme ja weiter ...

T: Heißt das, Sie werden die Bewerbung nach Stuttgart nicht weiterverfolgen?

P: Nein, das hatte ich eh nicht vor – interessiert mich auch gar nicht so ...

Erst wenn die Therapeutin ein gewisses Commitment bei der Patientin spürt, nimmt sie wieder die Haltung der technischen Neutralität ein und wendet sich der Analyse des Übertragungsgeschehens zu.

Des Weiteren bietet die TFP eine spezielle Taktik zum Umgang mit *unvereinbaren Realitäten* zwischen Patient und Therapeut an. Nicht selten kommt es in der Behandlung von Borderline-Patienten vor, dass diese von einer bestimmten Annahme, bezogen auf die Therapeutin oder den Therapeuten, ausgehen und daraufhin starke Affekte oder Agieren entwickeln. Um einen Machtkampf zu vermeiden und das Geschehen für die Arbeit nutzbar zu machen, wird die Existenz inkompatibler Realitäten *konstatiert* und anschließend diese Tatsache *analysiert*.

T: Letzte Stunde waren Sie nicht da und hatten die Stunde auch nicht abgesagt.

P: Doch, hatte ich! Ich hatte Ihnen eine SMS geschrieben!

T: Ich habe keine SMS von Ihnen erhalten.

P: Was soll denn das jetzt?! Natürlich haben Sie die bekommen! Das seh ich doch auf meinem Handy! Warum geben Sie das denn nicht zu?!

T: Nein, ich habe sie nicht bekommen.

P: Also, jetzt werde ich aber langsam sauer! Warum lügen Sie mich an?! Was ist das denn heute für ein Spiel?!

T: Wir haben jetzt ein Problem: Sie sind fest davon überzeugt, dass ich Ihre SMS bekommen habe, ich bin ebenso überzeugt davon, dass ich sie nicht bekommen habe. Nur einer von uns kann recht haben. Ich schlage vor, dass wir uns überlegen, was es bedeuten würde, wenn Sie recht hätten und Ihr Therapeut ein Lügner wäre, und dass wir uns ebenso fragen, wie es zu verstehen wäre, wenn ich recht hätte und Sie mit Ihrer Auffassung der Wirklichkeit falsch liegen würden.

Durch diese Intervention wird es möglich, die Thematik in der Übertragung zu bearbeiten und einen unfruchtbaren Machtkampf zu vermeiden, ohne das hochbrisante Thema insgesamt zu umschiffen.

5.2.3 Techniken

Im Mittelpunkt der TFP-Technik steht – wie bereits erwähnt – die Deutung, die als ein mehrstufiger Prozess verstanden wird, wann immer möglich auf die Übertragung fokussiert und die Gegenübertragung zum Verstehen der Beziehungsdynamik nutzt. Sie stellt auf einer bewussten und verbalen Ebene ein Verstehen her, das dem Patienten oder der Patientin zuvor nicht zugänglich war. Dabei werden bislang unverbundene Aspekte erklärend in einen Zusammenhang gestellt. Dies können zum Beispiel Affekt und Abwehr sein, Motiv und Handlung oder aber Beziehungserleben und Übertragung. Nicht selten wird die Deutung als ein rein kognitiver, intellektueller Prozess missverstanden – sie ist als ein emotional-kognitives Geschehen immer eingebettet in einen Erlebenskontext im Hier und Jetzt der therapeutischen Beziehung. Es kann nicht genug betont werden, dass ein rein kognitives Deuten fruchtlos bleibt und eher noch die Abwehr des Patienten stärkt. Erst wenn der Affekt des Patienten im Hier und Jetzt spürbar und benennbar geworden ist, wenn der Therapeut mithilfe seiner Gegenübertragung das aktuelle Übertragungsgeschehen auch affektiv erfährt und den projizierten Anteil containen kann, kann eine Deutung wirksam werden.

Hier ein Beispiel für eine kognitive Deutung ohne affektive Anreicherung und Containment:

P: Also, Herr Doktor, in der letzten Woche, da war ich echt sauer auf Sie. Sie können sich aber auch zu merkwürdig benehmen.
T: Ja? Inwiefern?
P: Na ja, wenn Sie mir erst, am Beginn der Therapie, zusichern, dass Sie die Stunden einhalten, und dann einfach eine ganze Woche weg sind, das ist schon komisch.
T: Sie erleben mich also wie einen versagenden, abwesenden, gleichgültigen Vater und sich selbst als das im Stich gelassene Kind.
P: Meinen Sie? Ja, das stimmt vermutlich.

Die vorschnelle – inhaltlich möglicherweise dennoch richtige – Deutung verfehlt ihre Wirkung, da die Dyade nicht mit dem dazugehörigen Affekt im Hier und Jetzt intensiv aktiviert ist. Es findet anstelle eines tieferen emotionalen Verstehens eher eine kollusive Abwehr in der Verkleidung eines kognitiven Verstehens statt. Therapeut und Patient vermeiden unbewusst gemeinsam das Aufkommen der Aggression, der destruktiven Anteile des Patienten. Auf diese Weise kann die Behandlung wochenlang harmonisch und freundlich mit einem scheinbaren Verstehen stattfinden, ohne dass sich irgendeine Form der Entwicklung oder Veränderung beim Patienten oder bei der Patientin einstellt.

Am Beginn des Deutungsprozesses steht daher immer das Bemühen, die Dynamik und den dazugehörigen Affekt im Hier und Jetzt zu aktivieren.

P: Also, Herr Doktor, in der letzten Woche, da war ich echt sauer auf Sie. Sie können sich aber auch zu merkwürdig benehmen.

Der Therapeut schweigt, sieht die Patientin fragend an.

P: Also, ich hätte Sie echt gebraucht letzte Woche.
T: Und ich war nicht da.
P: Genau, Sie waren nicht da.

Der Therapeut schweigt.

P: Sie könnten wenigstens sagen, dass es Ihnen leidtut!

T: Sie sind immer noch sauer.

P: Klar! Das ist doch Scheiße: Sie sitzen da und sagen nichts, wo ich Ihnen gerade gesagt habe, wie sehr ich Sie gebraucht hätte!

T: Gerade jetzt würden Sie sich so sehr wünschen, dass ich Ihnen zeige, dass mir etwas an Ihnen liegt.

P (beginnt zu weinen): Ja, ich glaube, ich bin Ihnen ganz egal ... ich könnte auch tot sein ... das würde Ihnen auch nichts ausmachen ...

T: Das ist so schmerzlich für Sie, das Gefühl, alleingelassen zu sein, im Stich gelassen zu sein ... und Sie erleben, dass ich Ihnen – wie ein kalter, distanzierter und gleichgültiger Vater – die Zuwendung vorenthalte, die Sie so dringend bräuchten.

P (weint stärker): Das tut so weh!

Der Therapeut sieht die Patientin aufmerksam an, lässt sie eine Zeit in ihrem Schmerz, bevor er den Deutungsprozess fortsetzt.

T: In so einer Situation wie letzte Woche oder auch wie gerade jetzt hier in der Stunde, da scheint dann plötzlich alles verloren zu sein. Es scheint ganz sicher für Sie zu sein, dass mir nichts an Ihnen liegt. Ich erinnere mich an die Stunde am Donnerstag in der vorletzten Woche – da haben Sie mir gesagt, wie sehr Sie es genießen, dass ich der erste Mensch bin, der sich wirklich für Sie interessiert.

In der letzten Intervention des Therapeuten steckt eine *Konfrontation*, ebenfalls eine zentrale Technik der TFP. Das aktuelle Erleben des Patienten wird in Beziehung zu einem gegensätzlichen Erleben gebracht, das er zu einem anderen Zeitpunkt hatte. Dies dient dazu, widersprüchliche Selbstaspekte zu markieren, um diese Dichotomien des Erlebens immer wieder durcharbeiten zu können, bis am Ende (wie oben ausgeführt) eine Integration stattfinden kann.

Die basale Technik der *Klärung* kommt dann zur Anwendung, wenn der Therapeut Zusammenhänge im Erleben des Patienten oder in seiner äußeren Realität nicht versteht, weil ihm Informationen fehlen. In der Regel geschieht die Klärung durch Nachfragen:

T: Obwohl Sie mir nun schon einiges über die gestrige Feier berichtet haben, weiß ich immer noch nicht, ob Ihre Freundin nun mit Ihnen dort war oder nicht.
P: Doch, doch, natürlich ... wir haben uns allerdings die meiste Zeit nicht gesehen, weil sie mit ihren Freundinnen zusammen war.
T: Und das hat Sie so geärgert, dass es schließlich zum Streit kam?
P: Klar, das ist mir tierisch auf den Sack gegangen.

Klärungen sollten nur gezielt dort eingesetzt werden, wo die Information zum Verstehen der Dynamik wichtig ist und wo es nicht – oder nur mit Zeitverlust – möglich ist, von vorneherein in der Übertragung zu arbeiten.

Der Deutungsprozess in der der TFP setzt sich also aus mehreren Schritten zusammen:
1. Klärung (wo Informationen zum Verstehen der Dynamik fehlen);
2. Konfrontation (mit widersprüchlichen Selbstanteilen);
3. Bemühen, die Dynamik im Hier und Jetzt in der Übertragungsbeziehung zu aktivieren;
4. Erkennen und Benennen des vorherrschenden affektiven Erlebens des Patienten;
5. Containment der Rollenzuschreibung und des dadurch evozierten Affekts;
6. Benennen der in der Übertragung aktivierten Rollen;
7. Wahrnehmung der Reaktion des Patienten und eventueller Veränderungen in der Gegenübertragung;
8. Deuten der psychodynamischen Hintergründe der momentan aktivierten Dyade.

Die Deutungen können auf drei Ebenen erfolgen: (1) Deutung der Abwehr, (2) Deutung der in der Übertragung aktivierten Dyade und (3) Deutung einer tiefer liegenden abgewehrten Dyade.

Nicht selten wird durch ein Agieren bzw. die Verwendung primitiver Abwehrmechanismen verhindert, dass bestimmte Aspekte der Übertragung bewusst werden. Um eine Arbeit in der Übertragung zu ermöglichen, müssen diese gedeutet werden.

T: Mir fällt auf, dass Sie mir heute sehr detailliert von Ihrer Diplomarbeit berichten. Ich frage mich, ob dies nicht auch dazu dient, zu vermeiden, dass zwischen uns das Thema der bevorstehenden Sommerpause aufkommt.

Die Abwehr kann sich in diesem Beispiel gegen einen heftigen aggressiven Affekt richten, der zu einer Dyade gehört, in der der Patient als strafender, sadistischer Vater die Therapeutin (als ungehorsames Kind) zerstören will.

P: Ich glaube, das ist auch besser so!

Die Therapeutin sieht den Patienten fragend an.

P: Es ist doch eine Riesensauerei, dass Sie jetzt abhauen, wo es mir so schlecht geht, weil Sie mich total aufgemacht haben!
[…]

Wie in den oben angeführten Beispielen wird die Therapeutin den Affekt thematisieren und die Akteure in der Übertragungsbeziehung benennen, bevor sie zur Deutung der Objektbeziehung kommt.

T: Im Moment sind Sie voller Hass, möchten mich am liebsten zerstören, weil ich nicht in den nächsten drei Wochen zu Hause bleibe, um weiter mit Ihnen zu arbeiten, wie Sie es von mir erwarten.
[…]

Nachdem diese Objektbeziehung durchgearbeitet wurde, kommt die Therapeutin zur Deutung der tiefer liegenden abgewehrten Dyade.

T: Ich frage mich, ob hinter Ihrer Wut nicht noch etwas anderes stecken könnte – möglicherweise die Angst, ohne mich in den nächsten Wochen nicht gut zurechtzukommen.
P: Ich habe keine Angst und ich brauche Sie nicht! (Seine Augen füllen sich mit Tränen.)
T: Sie haben Tränen in den Augen, da ist vielleicht doch etwas sehr Schmerzliches an der Sache.
P (beginnt zu weinen): Was mache ich denn, wenn es mir richtig schlecht geht und Sie sind nicht da?!
T: Das macht Ihnen große Angst und Sie fühlen sich von mir verlassen.
P: Ich habe das Gefühl, ohne Sie schaffe ich das nicht …
[…]

Auch hier erfolgt die Deutung der Objektbeziehung nach der entsprechenden Vorbereitung.

T: Ja, da gibt es einen sehr bedürftigen Teil in Ihnen, der versorgt werden möchte, der nicht allein bleiben möchte – und mich erleben Sie da als gleichgültig und desinteressiert, weil ich einfach in Urlaub fahre.

Erfahrungsgemäß ist die Anzahl der verschiedenen Objektbeziehungen, die in der Übertragung aktiviert werden, begrenzt, und diese tauchen immer wieder in unterschiedlichen Kontexten auf. In der beschriebenen Weise müssen sie viele Male durchgearbeitet und gedeutet werden, bis im Verlauf von vielen Monaten bis wenigen Jahren eine Integration abgespaltener Selbst- und Objektanteile stattfindet, ein neues Arbeitsmodell von Beziehungen entwickelt wird und schließlich neue, reifere Beziehungsmuster entstehen.

6 Anwendungsbereiche der TFP

Die TFP wurde primär als ambulante Einzeltherapie mit zwei Sitzungen pro Woche zur Behandlung von erwachsenen Patientinnen und Patienten mit Borderline-Persönlichkeitsstörung und darüber hinaus auch mit anderen Störungen auf einem Borderline-Organisationsniveau der Persönlichkeit entwickelt. Inzwischen ist neben diesem »klassischen« TFP-Setting eine Reihe von Modifikationen für verschiedene Anwendungsbereiche entstanden.

Von Caligor, Kernberg und Clarkin (2009) wurde der Anwendungsbereich für Patienten mit Persönlichkeitsstörungen auf einem reiferen (neurotischen) Niveau der Persönlichkeitsorganisation erweitert.

In manchen Ländern und institutionellen Settings ist es nicht möglich, zweistündig pro Woche über mehrere Jahre zu arbeiten. In manchen Institutionen, wie zum Beispiel psychiatrischen Ambulanzen oder Beratungsstellen, sind weder vertragliche Rahmenbedingungen im Sinne eines hoch individualisierten Behandlungsvertrags noch eine langfristige und kontinuierliche Behandlung möglich. Dennoch können die Prinzipien der TFP hier gewinnbringend eingesetzt werden. Insbesondere das Verstehen der Übertragungsdynamik bei Borderline-Patienten kann für die Behandelnden enorm entlastend sein. Von großer Bedeutung ist es, die Qualität und den Ursprung der mitunter heftigen Gegenübertragungsreaktionen zu kennen, um dem Patienten auch in affektiv angespannten Situationen gelassen begegnen zu können und ein Agieren seitens des Behandlers oder der Behandlerin zu vermeiden. Darüber hinaus kann zum Beispiel auch in einem niederfrequenten Ambulanzsetting mit bestimmten Vereinbarungen gearbeitet werden, die der Behandlung eine basale Stabilität verleihen.

Eine kontrovers diskutierte Frage ist die, ob eine TFP-Behandlung mit einer Stunde pro Woche über fünfzig bis achtzig oder hundert Stunden – wie sie zum Beispiel das deutsche Krankenkassensystem für die tiefenpsychologisch fundierte Psychotherapie vorsieht – sinnvoll ist. Eine empirische Untersuchung dieser Dosisfrage steht noch aus, es ist jedoch anzunehmen, dass in diesem Setting nur in geringerem Ausmaß strukturelle Reifungsprozesse abgeschlossen werden können und dass es die niedrigere Frequenz erschwert, kontinuierlich in der Übertragungsbeziehung zu arbeiten, da die Alltagsberichte des Patienten einen beträchtlichen Teil der Zeit in Anspruch nehmen können. Bei einer entsprechenden Anpassung der Therapieziele dürfte die Anwendung von TFP-Prinzipien und -Techniken in der tiefenpsychologisch fundierten Psychotherapie allerdings zu einer Effizienzsteigerung bei der Behandlung von Borderline-Patientinnen und -Patienten führen.

Für den stationären Rahmen wurde die TFP bereits konzipiert (Dammann, Dulz, Lohmer u. Kernberg, im Druck) und auch empirisch validiert (siehe Kapitel 7). Für eine stationäre Behandlung von Borderline-Patienten sind hoch spezialisierte Settings und Behandlungsdauern von zwölf Wochen und mehr ein Grunderfordernis. Zudem müssen die gesamten Behandlungsteams trainiert und regelmäßig supervidiert werden. Nur so ist es möglich, die auf alle Teammitglieder und Mitpatienten aufgespaltenen Übertragungsprozesse im Blick zu behalten und koordiniert damit zu arbeiten.

TFP für adoleszente Borderline-Patientinnen und -Patienten findet als TFP-A bereits an verschiedenen Orten Anwendung und wird auch bereits trainiert (Normandin, Ensink u. Kernberg, 2015). Ein Therapiemanual wird demnächst erscheinen; Konzeptualisierungen für den tagesklinischen Bereich (Krischer u. Normandin, 2015) und für die Kinderbehandlung (Kreft, 2015) liegen ebenfalls vor.

In den letzten Jahren sind Patienten mit narzisstischer Persönlichkeitsstörung zunehmend in den Fokus gerückt und es wurden konzeptionelle und empirische Arbeiten publiziert (Diamond u. Yeomans, 2008; Diamond et al., 2013, 2014; Kernberg, 2014, 2015).

7 Wirksamkeitsnachweise für die TFP

Die TFP ist als ambulante Einzeltherapie für Patientinnen und Patienten mit Borderline-Persönlichkeitsstörung empirisch validiert. In ihrem Cochrane Review kommen Stoffers et al. (2012) zu dem Schluss, dass die TFP gemeinsam mit der Dialektisch-Behavioralen Therapie (DBT; Linehan, 1993), der Mentalisierungsbasierten Therapie (MBT; Bateman u. Fonagy, 2002) und der Schematherapie (Young, Klosko u. Weishaar, 2008) zu den wirksamen Psychotherapien der Borderline-Persönlichkeitsstörung zählt.

In drei unkontrollierten Studien wurde zunächst ein Proof of Principle erbracht. Clarkin et al. (2001) behandelten 23 Borderline-Patienten für ein Jahr und konnten eine Reduktion der Anzahl derer nachweisen, die Suizidversuche begingen, eine Reduktion der Schwere des suizidalen und selbstverletzenden Verhaltens sowie eine Reduktion der Anzahl und Dauer der psychiatrischen Hospitalisierungen. Cuevas et al. (2000) erprobten die TFP an 19 Borderline-Patienten, die nach 72 Sitzungen eine signifikante Reduktion der Anzahl erfüllter DSM-IV-Borderline-Kriterien und des GAF-Scores zeigten. Schließlich untersuchten López, Cuevas, Gomez und Mendoza (2004) an zehn Patienten die Effekte von 48 Sitzungen TFP und berichteten von einer signifikanten Reduktion des GAF-Scores und des SCL-90-Gesamtwerts.

Darüber hinaus wurde die Wirksamkeit der TFP in drei RCTs untersucht. Giesen-Bloo et al. (2006) verglichen eine dreijährige Schematherapie mit einer ebenso langen TFP-Behandlung. In beiden Gruppen kam es zu einer signifikanten Besserung in allen Outcome-Maßen, allerdings war die Schematherapie der TFP in einigen

Bereichen überlegen, nämlich der Borderline-Symptomatik (gemessen mit dem BPDSI-IV), der Rate der Therapieabbrüche, der Lebensqualität und der allgemeinen Psychopathologie (SCL-90). Einschränkend muss ergänzt werden, dass bei dieser Studie Allegiance-Effekte eine Rolle gespielt haben dürften, die die Ergebnisse relativieren: Die Patienten der TFP-Gruppe waren initial signifikant schwerer erkrankt als die der Schematherapie-Gruppe, und insbesondere waren die TFP-Therapeuten nicht gut genug ausgebildet und nicht ausreichend manualtreu (Yeomans, 2007).

Clarkin, Levy, Lenzenweger und Kernberg (2007) verglichen TFP mit Dialektisch-Behavioraler Therapie (DBT; Linehan, 1993) und supportiver Psychotherapie nach Rockland (1992). Die Behandlungen fanden über ein Jahr statt. In allen drei Gruppen verbesserten sich Angst, Depression, allgemeines Funktionsniveau und die soziale Anpassung. Nur bei TFP und DBT traten signifikante Verbesserungen der Suizidalität auf, nur bei TFP und supportiver Therapie besserten sich Ärger und Aspekte der Impulsivität, und nur bei der TFP kam es zu signifikanten Verbesserungen im Bereich der Irritabilität sowie der Aggression (verbale und direkte Angriffe). Darüber hinaus konnte gezeigt werden, dass nur in der TFP-Gruppe signifikante Verbesserungen der Mentalisierungsfähigkeit (»reflective functioning«) und des Bindungsstils (von unsicher nach sicher) auftraten (Levy et al., 2006).

In einer dritten randomisiert-kontrollierten Studie verglichen Doering et al. (2010) TFP mit unspezifischer Behandlung durch erfahrene Psychotherapeuten. In beiden Gruppen kam es zu signifikanten Verbesserungen von Angst, Depression und allgemeiner Psychopathologie (STAI, BDI, BSI). TFP war signifikant überlegen hinsichtlich der Anzahl der Patienten, die Suizidversuche unternahmen, der Remissionsrate (≤ 4 DSM-IV-Borderline-Kriterien), Reduktion des GAF-Scores, Verbesserung des Strukturniveaus (gemessen mit dem STIPO) und Reduktion der Anzahl stationärer psychiatrischer Aufnahmen. In dieser Studie wurden auch Completer-Analysen publiziert, die zeigten, dass nach Kontrolle der Therapiedosis die TFP hinsichtlich der Verbesserungen des GAF-Scores, der DSM-IV-Kriterien und der Persönlichkeitsorganisation (STIPO) weiterhin signifikant überlegen war. Darüber hinaus zeigte sich eine signifikante Überlegenheit der TFP in der Verbesserung der Mentalisierungsfähigkeit (Fischer-Kern et al., 2015) und der Veränderung der Bindungsrepräsentation gemessen mit dem Adult Attachment Interview (AAI). Ein Drittel der TFP-Patienten wechselte von einer unsicheren zur sicheren Bindungsrepräsentanz, was in der Vergleichsgruppe bei keinem Patienten geschah (Buchheim et al., im Druck). Ebenso deutlich waren die Unterschiede hinsichtlich der Veränderung von desorganisierter zu organisierter Bindungsrepräsentation.

In einer nichtrandomisierten kontrollierten Studie konnte jüngst auch die Wirksamkeit der stationären TFP belegt werden. Sollberger et al. (2014) behandelten 32 Borderline-Patienten über zwölf Wochen in einem stationären TFP-Setting und verglichen diese mit zwölf Patienten, die in einem unspezifischen psychiatrischen Setting stationär behandelt wurden. Es zeigte sich eine signifikante Überlegenheit der TFP hinsichtlich der Verbesserung von Identitätsdiffusion und affektiver Psychopathologie.

Zusammenfassend kann gesagt werden, dass die TFP eine wirksame Methode zur Behandlung der Borderline-Persönlichkeitsstörung darstellt, wobei sie im Vergleich zu anderen Methoden möglicherweise besonders gut geeignet ist, Persönlichkeitsorganisation, Mentalisierungsfähigkeit und Bindungsrepräsentation zu verbessern.

8 Organisationsstrukturen und Ausbildung

Seit 2011 gibt es die International Society of Transference-Focused Psychotherapy (ISTFP), in der eine wachsende Anzahl von Mitgliedern aus mehr als zwanzig Ländern aus aller Welt organisiert ist. Informationen zur ISTFP finden sich auf der Website www.istfp.org. Innerhalb der ISTFP gibt es nationale und regionale Gruppen und Vereine, die zum Teil auch Ausbildungscurricula anbieten. In Deutschland sind das Institute in München, Berlin und Hamburg, deren Websites Informationen über Trainingscurricula und Supervisionsmöglichkeiten enthalten:

TFP-Institut München e. V.
Prof. Dr. Philipp Martius
Klinik Höhenried
D-82347 Bernried
Tel.: +49 8158 2433000
philipp.martius@hoehenried.de
http://tfp-institut-muenchen.de/

TFP-Gruppe Berlin
Dr. Marion Braun
Institut für Psychotherapie e. V. Berlin
Goerzallee 5
D-12207 Berlin
Tel.: +49 30 84186711
sekretariat@ifp-berlin.de
www.ifp-berlin.eu

TFP Institut Nord (TIN)
Dr. Birger Dulz
Klinik für Persönlichkeits-und Traumafolgestörungen
Asklepios Klinik Nord – Ochsenzoll
Langenhorner Chaussee 560
D-22419 Hamburg
Tel.: +49 40 181887-2428/-2328
b.dulz@asklepios.com; http://www.tfp-nord.de/

In Österreich befindet sich der Sitz der ISTFP:
International Society of Transference-Focused Psychotherapy (ISTFP)
Univ.-Prof. Dr. med. Stephan Doering
Klinik für Psychoanalyse und Psychotherapie
Medizinische Universität Wien
Währinger Gürtel 18–20
A-1090 Wien
Tel.: +43 1 40400–25190/-30610
stephan.doering@meduniwien.ac.at

In der Schweiz befindet sich die **Swiss Society for TFP**
Priv.-Doz. Dr. Gerhard Dammann
Psychiatrische Klinik
CH-8596 Münsterlingen
Tel.: +41 71 6864021
gerhard.dammann@stgag.ch

In Köln werden in Kooperation mit der TFP-Gruppe Berlin
Curricula für die TFP-A angeboten:
Priv.-Doz. Dr. rer. nat. Maya K. Krischer
Klinik und Poliklinik für Psychiatrie und Psychotherapie des
Kindes- und Jugendalters der Uniklinik Köln
Tel.: +49 221 47886613
Maya.Krischer@uk-koeln.de

Darüber hinaus werden von den zertifizierten Trainern und Supervisoren der ISTFP auf Wunsch Inhouse-Schulungen für Institutionen angeboten. Informationen sind auch über die oben genannten Institute erhältlich.

Die Ausbildungscurricula zur TFP-Therapeutin oder zum TFP-Therapeuten umfassen in der Regel siebzig bis hundert Stunden theoretischen Unterricht und die mindestens zweijährige Behandlung eines Borderline-Patienten mit TFP unter kontinuierlicher Supervision. In der TFP ist es üblich, alle Therapiestunden auf Video aufzuzeichnen und die Aufzeichnungen in der Supervision zu verwenden. Dies setzt natürlich das schriftliche Einverständnis des Patienten oder der Patientin voraus.

Relevant für die Abrechnungsmöglichkeiten mit den deutschen Krankenkassen ist die Stellungnahme vom Wissenschaftlichen Beirat Psychotherapie (WBP) vom 26.10.2012, in der festgestellt wird, dass die TFP den »Psychodynamischen Psychotherapien zuzuordnen« ist, die vom WBP wissenschaftlich anerkannt sind und »als ein Verfahren für die vertiefte Ausbildung zum Psychologischen Psychotherapeuten nach dem Psychotherapiegesetz empfohlen« wurden.

Literatur

American Psychiatric Association (2013). Diagnostic and Statistical Manual. Fifth edition. DSM-5. Washington, DC: American Psychiatric Publishing.

Bateman, A., Fonagy, P. (2002). Psychotherapy for Borderline Personality Disorder. New York: Oxford University Press.

Bion, W. (1970). Attention and interpretation. London: Tavistock Publications.

Bolm, T. (2009). Mentalisierungsbasierte Therapie (MBT) für Borderline-Störungen und chronifizierte Traumafolgen. Köln: Deutscher Ärzte-Verlag.

Buchheim, A., Doering, S., Hörz-Sagstetter, S., Rentrop, M., Buchheim, P., Schuster, P., Pokorny, D., Fischer-Kern, M. (im Druck). Change of attachment status in borderline personality disorder: RCT study of transference-focused psychotherapy.

Caligor, E., Kernberg, O. F., Clarkin, J. F. (2009). Übertragungsfokussierte Psychotherapie bei neurotischer Persönlichkeitsstruktur. Stuttgart: Schattauer.

Ciompi, L. (1982). Affektlogik. Stuttgart: Klett-Cotta.

Clarkin, J. F., Caligor, E., Stern, B., Kernberg, O. F. (2004). Structured Interview of Personality Organization (STIPO). Unpubliziertes Manuskript. New York: Personality Disorders Institute, Weill Medical College of Cornell University. (Dt. Übersetzung von S. Doering, Medizinische Universität Wien)

Clarkin, J. F., Foelsch, P., Kernberg, O. F. (2001). The Inventory of Personality Organization. New York: Personality Disorders Institute, Weill Medical College of Cornell University. (Dt. Version: G. Dammann, S. Smole, C. Kraus, P. Buchheim, Technische Universität München)

Clarkin, J. F., Foelsch, P. A., Levy, K. N., Hull, J. W., Delaney, J. C., Kernberg, O. F. (2001). The development of a psychodynamic treatment for patients with borderline personality disorder: A preliminary study of behavioural change. Journal of Personality Disorders, 15, 487–495.

Clarkin, J. F., Levy, K. N., Lenzenweger, M. F., Kernberg, O. F. (2007). Evaluating three treatments for borderline personality disorder: A multiwave study. American Journal of Psychiatry, 164, 1–8.

Clarkin, J. F., Yeomans, F. E., Kernberg, O. F. (1999, dt. 2001). Psychotherapy for Borderline Personality. New York: John Wiley. (Dt.: Psychotherapie der Borderline-Persönlichkeit. Stuttgart: Schattauer)

Clarkin, J. F., Yeomans, F. E., Kernberg, O. F. (2006, dt. 2008). Psychotherapy for Borderline Personality. Focusing on Object Relations. Washington, DC: American Psychiatric Publishing. (Dt.: Psychotherapie der Borderline-Persönlichkeit. Manual zur psychodynamischen Therapie. Stuttgart: Schattauer)

Cuevas, P., Camacho, J., Mejia, R., Rosario, I., Parres, R., Mendoza, J., López, D. (2000). Cambios en la psicopatología del trastorno limítrofe de la personalidad, en los pacientes tratados con la psicoterapia psicodinámica. Salud Mental, 23 (6), 1–11.

Dammann, G., Dulz, B., Lohmer, M., Kernberg, O. F. (im Druck). Borderline-Störung. Stationäre psychodynamische Therapie. TFP-Manual. Göttingen: Hogrefe.

Dammann, G., Hörz, S., Clarkin, J. F. (2012). Das Inventar der Borderline-Persönlichkeitsorganisation (IPO). In S. Doering, S. Hörz (Hrsg.), Handbuch der Strukturdiagnostik. Konzepte, Instrumente, Praxis (S. 269–283). Stuttgart: Schattauer.

Diamond, D., Levy, K. N., Clarkin, J. F., Fischer-Kern, M., Cain, N. M., Doering, S., Hörz, S., Buchheim, A. (2014). Attachment and mentalization in female patients with comorbid narcissistic and borderline personality disorder. Personality Disorders, 5 (4), 428–433.

Diamond, D., Yeomans, F. (2008). Narcissism, its disorders and the role of TFP. Santé mentale au Québec, 33 (1), 115–39.

Diamond, D., Yeomans, F. E., Stern, B., Levy, K. N., Hörz, S., Doering, S., Fischer-Kern, M., Delaney, J., Clarkin, J. F. (2013). Transference-focused psychotherapy for patients with comorbid narcissistic and borderline personality disorder. Psychoanalytic Inquiry, 33, 527–551.

Doering, S., Burgmer, M., Heuft, G., Menke, D., Bäumer, B., Lübking, M., Feldmann, M., Hörz, S., Schneider, G. (2013). Reliability and validity of the German version of the Structured Interview of Personality Organization (STIPO). BMC Psychiatry, 13, 210.

Doering, S., Hörz, S., Rentrop, M., Fischer-Kern, M., Schuster, P., Benecke, C., Buchheim, A., Martius, P., Buchheim, P. (2010). Transference-focused psychotherapy v. treatment by community psychotherapists for borderline personality disorder: Randomised controlled trial. British Journal of Psychiatry, 196, 389–395.

Dornes, M. (1993). Der kompetente Säugling. Die präverbale Entwicklung des Menschen. Frankfurt a. M.: Fischer.

Ferro, A. (2005). Seeds of illness, seeds of recovery. New York: Brunner-Routledge.

Fischer-Kern, M., Doering, S., Taubner, S., Hörz, S., Zimmermann, J., Rentrop, M., Schuster, P., Buchheim, P., Buchheim, A. (2015). Transference-focused psychotherapy for borderline personality disorder: Change in reflective function. British Journal of Psychiatry, 207 (2), 173–174.

Freud, S. (1904/1999). Die Freudsche psychoanalytische Methode. GW V (S. 1–10). Frankfurt a. M.: Fischer.

Freud, S. (1905/1999). Bruchstück einer Hysterie-Analyse. GW V (S. 161–286). Frankfurt a. M.: Fischer.

Freud, S. (1910/1999). Die zukünftigen Chancen der psychoanalytischen Therapie. GW VIII (S. 103–115). Frankfurt a. M.: Fischer.

Freud, S. (1912/1999a). Zur Dynamik der Übertragung. GW VIII (S. 363–374). Frankfurt a. M.: Fischer.

Freud, S. (1912/1999b). Ratschläge für den Arzt bei der psychoanalytischen Behandlung. GW VIII (S. 375–387). Frankfurt a. M.: Fischer.

Freud, S. (1920/1999). Jenseits des Lustprinzips. GW XIII (S. 1–69). Frankfurt a. M.: Fischer.

Giesen-Bloo, J., van Dyck, R., Spinhoven, P., van Tilburg, W., Dirksen, C., van Asselt, T., Kermers, I., Nadort, M., Arntz, A. (2006). Outpatient psychotherapy for borderline personality disorder. Archives of General Psychiatry, 63, 649–658.

Heimann, P. (1950). On counter-transference. International Journal of Psychoanalysis, 31, 81–84.

Høglend, P. (2014). Exploration of the patient-therapist relationship in psychotherapy. American Journal of Psychiatry, 171 (10), 1056–1066.

Joseph, B. (1985). Transference: The total situation. International Journal of Psychoanalysis, 66, 447–454.

Kernberg, O. F. (1966). Structural derivates of object relationships. International Journal of Psychoanalysis, 47, 236–253.

Kernberg, O. F. (1968). Borderline personality organization. Journal of the American Psychoanalytic Association, 15, 641–685.

Kernberg, O. F. (1970). A psychoanalytic classification of character pathology. Journal of the American Psychoanalytic Association, 18, 800–822.

Kernberg, O. F. (1972). Early ego integration and object relations. Annals of the New York Academy of Science, 193, 233–247.

Kernberg, O. F. (1975, dt. 1978). Borderline conditions and pathological narcissism. New York: Aronson. (Dt.: Borderline-Störungen und pathologischer Narzißmus. Frankfurt a. M.: Suhrkamp)

Kernberg, O. F. (1976, dt. 1981). Object relations theory and clinical psychoanalysis. New York: Aronson. (Dt.: Objektbeziehungen und Praxis der Psychoanalyse. Stuttgart: Klett-Cotta)

Kernberg, O. F. (1981). Structural interviewing. Psychiatric Clinics of North America, 4 (1), 169–195.

Kernberg, O. F. (1984, dt. 1985). Severe personality disorders. Yale: Yale University Press. (Dt.: Schwere Persönlichkeitsstörungen. Stuttgart: Klett-Cotta)

Kernberg, O. F. (1998). Wut und Hass. Stuttgart: Klett-Cotta.

Kernberg, O. F. (2014). An overview of the treatment of severe narcissistic pathology. International Journal of Psychoanalysis, 95 (5), 865–88.

Kernberg, O. F. (2015). Narcissistic defenses in the distortion of free association and their underlying anxieties. Psychoanalytic Quarterly, 84 (3), 625–642.

Kernberg, O. F., Burstein, E. D., Coyne, L., Applebaum, A., Horwitz, L., Voth, H. (1972). Psychotherapy and psychoanalysis. Final report of the Menninger Foundation's Psychotherapy Research Project. Bulletin of the Menninger Clinic, 36, 1–275.

Kernberg, O. F., Selzer, M. A., Koenigsberg, H. W., Carr, A. C., Appelbaum, A. H. (1989, dt. 1993). Psychodynamic Psychotherapy of Borderline Patients. New York: Basic Books. (Dt.: Psychodynamische Therapie bei Borderline-Patienten. Bern: Huber)

Klein, M. (1946). Notes on some schizoid mechanisms. International Journal of Psychoanalysis, 27, 99–110.

König, K., Dahlbender, R. W., Holzinger, A., Topitz, A., Doering, S. (2016). Kreuzvalidierung von drei Fragebögen zur Strukturdiagnostik: BPI, IPO und OPD-SF. Zeitschrift für Psychosomatische Medizin und Psychotherapie, 62, 177–189.

Kreft, I. (2015). Techniken der Übertragungsfokussierten Therapie bei Kindern. Persönlichkeitsstörungen, 19, 14–22.

Krischer, M. K., Normandin, L. (2015). Tagesklinische Behandlung von adoleszenten Borderlinepatienten mit Techniken der Übertragungsfokussierten Psychotherapie für Jugendliche. Persönlichkeitsstörungen, 19, 2–13.

Lenzenweger, M. F., Clarkin, J. F., Kernberg, O. F., Foelsch, P. A. (2001). The Inventory of Personality Organization: Psychometric properties, factorial composition, and criterion relations with affect, aggressive dyscontrol, psychosis proneness, and self-domains in a nonclinical sample. Psychological Assessment, 13, 577–591.

Levy, K. N., Meehan, K. B., Kelly, K. M., Reynoso, J. S., Weber, M., Clarkin, J. F., Kernberg, O. F. (2006). Change in attachment patterns and reflective function in a randomized control trial of transference-focused psychotherapy for borderline personality disorder. Journal of Consulting and Clinical Psychology, 74, 1027–1240.

Linehan, M. M. (1993). Cognitive-behavioral treatment of borderline personality disorder. New York: Guilford Press.

López, D., Cuevas, P., Gómez, A., Mendoza, J. (2004). Psicoterapia focalizada en la transferencia para el trastorno límite de la personalidad. Un estudio per el pacientes femininas. Salud Mental, 27 (4), 44–54.

Mahler, M. S., Pine, F., Bergman, A. (1975, dt. 1980). The psychological birth of the human infant. New York: Basic Books. (Dt.: Die psychische Geburt des Menschen. Frankfurt a. M.: Fischer)

Normandin, L., Ensink, K., Kernberg, O. F. (2015). Transference-focused psychotherapy for borderline adolescents: A neurobiologically informed psychodynamic psychotherapy. Journal of Infant, Child & Adolescent Psychotherapy, 14, 98–110.

Ogden, T. (2005). The art of psychoanalysis. London: Routledge.

Rockland, L. H. (1992). Supportive therapy for borderline patients: A psychodynamic approach. New York: Guilford Press.

Rohde-Dachser, C. (2004). Das Borderline-Syndrom (7. Aufl.). Bern: Huber.

Rudolf, G. (2006). Strukturbezogene Psychotherapie. Stuttgart: Schattauer.

Sandler, J. (1976). Gegenübertragung und Bereitschaft zur Rollenübernahme. Psyche, 30, 297–305.

Seiffge-Krenke, I., Kollmar, F. (2017). Widerstand und Abwehrmechanismen. Göttingen: Vandenhoeck & Ruprecht.

Siever, L. (2005). Endophenotypes in the personality disorders. Dialogues in Clinical Neuroscience, 7, 139–151.

Sollberger, D., Gremaud-Heitz, D., Riemenschneider, A., Agarwalla, P., Benecke, C., Schwald, O., Küchenhoff, J., Walter, M., Dammann, G. (2014). Change in identity diffusion and psychopathology in a specialized inpatient treatment for borderline personality disorder. Clinical Psychology and Psychotherapy, 22 (6), 559–569.

Stern, B. L., Caligor, E., Critchfield, K., Maccornack, V., Hoerz, S., Clarkin, J., Lenzenweger, M. F., Kernberg, O. F. (2010). The Structured Interview of Personality Organization (STIPO): Preliminary psychometrics in a clinical sample. Journal of Personality Assessment, 92 (1), 35–44.

Stern, D. N. (1985). Die Lebenserfahrung des Säuglings. Stuttgart: Klett-Cotta.

Stoffers, J. M., Völlm, B. A., Rücker, G., Timmer, A., Huband, N., Lieb, K. (2012). Psychological therapies for people with borderline personality disorder. Cochrane Database of Systematic Reviews, 8, doi: 10.1002/14651858.CD005652.pub2.

Streeck, U., Leichsenring, F. (2014). Handbuch psychoanalytisch-interaktionelle Therapie (3. Aufl.). Göttingen: Vandenhoeck & Ruprecht.

Torgersen, S., Myers, J., Reichborn-Kjennerud, T., Røysamb, E., Kubarych, T. S., Kendler, K. S. (2012). The heritability of cluster B personality disorders assessed both by personal interview and questionnaire. Journal of Personality Disorders, 26 (6), 848–866.

Weltgesundheitsorganisation (1991). Internationale Klassifikation psychischer Störungen. ICD-10, Kapitel V (F). Bern: Huber.

Yeomans, F. (2007). Questions concerning the randomized trial of schema-focused therapy vs transference-focused psychotherapy. Archives of General Psychiatry, 64, 609–610.

Yeomans, F. E., Clarkin, J. F., Kernberg, O. F. (2015, dt. 2016). Transference-Focused Psychotherapy for Borderline Personality Disorder. A Clinical Guide. Washington, DC: American Psychiatric Publishing. (Dt.: Übertragungsfokussierte Psychotherapie für Borderline-Patienten. Das TFP-Praxismanual. Stuttgart: Schattauer)

Young, J. E., Klosko, J. S., Weishaar, M. E. (2008). Schematherapie. Ein praxisorientiertes Handbuch (2. Aufl.). Paderborn: Junfermann.

Zimmermann, J., Benecke, C., Hörz, S., Rentrop, M., Peham, D., Bock, A., Wallner, T., Schauenburg, H., Frommer, J., Huber, D., Clarkin, J. F., Dammann, G. (2013). Validierung einer deutschsprachigen 16-Item-Version des Inventars der Persönlichkeitsorganisation (IPO-16). Diagnostica, 59, 3–16.

Zimmermann, J., Benecke, C., Hörz-Sagstetter, S., Dammann, G. (2015). Normierung der deutschsprachigen 16-Item-Version des Inventars der Persönlichkeitsorganisation (IPO-16). Zeitschrift für Psychosomatische Medizin und Psychotherapie, 61, 5–18.